Das Opfersein Christi und das Opfersein der Kirche

KONTEXTE

Neue Beiträge zur
Historischen und Systematischen Theologie

Herausgegeben von Johannes Wirsching

Band 6

Verlag Peter Lang

Frankfurt am Main · Bern · New York · Paris

Egon Franz

Das Opfersein Christi und das Opfersein der Kirche

Der Opferbegriff Augustins als Beitrag zum Verständnis der Eucharistie in den Konvergenzerklärungen von Lima 1983

Verlag Peter Lang

Frankfurt am Main · Bern · New York · Paris

CIP-Titelaufnahme der Deutschen Bibliothek

Franz, Egon:

Das Opfersein Christi und das Opfersein der Kirche : d. Opferbegriff Augustins als Beitr. zum Verständnis d. Eucharistie in d. Konvergenzerklärungen von Lima 1983 / Egon Franz. - Frankfurt am Main ; Bern ; New York ; Paris : Lang, 1988
  (Kontexte ; Bd. 6)
  ISBN 3-8204-1514-9

NE: GT

ISSN 0724-6366
ISBN 3-8204-1514-9

© Verlag Peter Lang GmbH, Frankfurt am Main 1988.

In memoriam
Kurt Gerstein,
der in der Nachfolge Jesu Christi
sich selbst geopfert hat,
um den gottwidrigen Holocaust zu verhindern.

Vorwort

Im Denken des gereiften Augustin bildet die Corpus-Christi-Theologie den Mittelpunkt. Die Lehre von Christus und die Lehre von der Kirche sind darin untrennbar miteinander verbunden. Christus als das Haupt und die Kirche als sein Leib sind zwar zu unterscheiden, können aber in ihrer jeweiligen Besonderheit nur in dieser Verbundenheit miteinander erkannt werden. Diese Erkenntnis, die ich zuerst in meiner Dissertation "Totus Chrisuts, Studien über Christus und die Kirche bei Augustin" entfaltet habe, wird in der vorliegenden Arbeit weitergeführt. Sie bohrt noch eine Schicht tiefer, um das Herzstück des christologisch-ekklesiologischen Denkens Augustins freizulegen: den Opfergedanken. Unter Aufnahme biblischer Traditionen hat Augustin den Opfergedanken zu einer originellen, eigenwüchsigen Konzeption verarbeitet, die auch sein anthropologisches Denken bestimmt. Aus dem singulären Opfer Christi erwächst im Rahmen der Corpus-Christi-Theologie das universale Opfer der Kirche. Dieser Vorgang, der auch das Leben des einzelnen Christen verwandelt, vollzieht sich in der Feier der Eucharistie. Dabei ergeben sich höchst bedeutsame Aspekte für das Verhältnis der Kirche zur Welt. Das Verständnis der Kirche als universaler Opferleib des Totus Christus erhält eine überraschende Aktualität durch die Nähe zu dem, was Dietrich Bonhoeffer mit seinem Begriff "Kirche für die Welt" ins Bewußtsein gehoben hat.

Die von der Kommission für Glauben und Kirchenverfassung des Ökumenischen Rates der Kirchen im Jahre 1982 veröffentlichten "Konvergenzerklärungen über Taufe, Eucharistie und Amt" veranlaßten mich dann, die Ergebnisse meiner Augustinforschungen über den Opferbegriff mit den entsprechenden Aussagen dieses sog. Lima-Dokumentes zu vergleichen. Dies geschah in der Hoffnung, das ökumenische Gespräch über den seit der Reformation umstrittenen Opferbegriff zu befruchten und die kritische Rezeption dieses Dokumentes zu befördern.

Die Unterscheidung zwischen dem das Wesen menschlicher Existenz bestimmenden "rechten Opfer" und dem in der Weltgeschichte seit eh und je praktizierten "falschen Opfer" kann, so meine ich, auch für die Bewältigung der allgemeinen Kulturkrise dienlich sein.

Der Bischof der Evangelischen Kirche in Berlin-Brandenburg (Berlin West) und Ratsvorsitzende der Evangelischen Kirche in Deutschland, Dr. Martin Kruse, hat die Fertigstellung dieser Arbeit mit wohlwollendem Interesse begleitet und dem Konsistorium die Gewährung eines Druckkostenzuschusses empfohlen. Dafür möchte ich ihm meinen Dank aussprechen. Herrn Professor Dr. Johannes Wirsching, Berlin, danke ich für die Aufnahme der Arbeit in die von ihm herausgegebene Reihe "Kontexte" und im Zusammenhang damit für hilfreiche Gespräche und freundliche Beratung.

Daß ich in allen Phasen der Arbeit den qualifizierten Rat meiner Frau in Anspruch nehmen konnte, ist ein Teil der beglückenden Zweisamkeit, die mich mit ihr verbindet.

Berlin, am Tage der Erscheinung Christi, 6.1.1988
Egon Franz

Inhalt

Einleitung

Die Absicht der nachfolgenden Untersuchung ist zunächst und vor allem darauf gerichtet, einen Beitrag zu leisten zur Überwindung der Problematik, die das ökumenische Gespräch über den Opferbegriff immer wieder belastet. Dabei ist mir in wachsendem Maße bewußt geworden, daß mit der Wiedergewinnung des im augustinischen Sinne recht verstandenen Opferbegriffes auch ein Beitrag zur gegenwärtigen Kulturkrise geleistet werden kann. Wenn es wahr ist, daß nur in der Lebenshingabe das Leben gewonnen werden kann, daß Hingabe schlechthin die Signatur eines sinnvollen Lebens darstellt, dann wird man diese alte Erkenntnis dahingehend zu konkretisieren haben, daß in der heute atomar und ökologisch bedrohten Welt in der Bereitschaft zum Opfer die einzige Überlebenschance gesehen werden muß.

Augustin sah zu seiner Zeit die Veränderung der Welt zum Besseren hin darin begründet, daß es "Gläubige gab, die bereit waren, bis zum Tode für die Wahrheit zu kämpfen, ohne Böses zu vergelten, sondern standhaft zu ertragen, um nicht mordend, sondern sterbend zu siegen."[1] Von solcher Opferbereitschaft lebt die Menschheit auch heute. Dabei gilt beides: Die Bereitschaft zum Opfer muß nicht immer zur letzten Konsequenz des Martyriums führen; im Glauben begründete, furchtlose Standhaftigkeit, die Opferbereitschaft einschließt, kann bisweilen dazu helfen, Blutopfer zu verhindern. Das Opfersein des Menschen muß nicht im Holocaust enden. Es zielt vielmehr darauf hin, den Holocaust zu überwinden. Im übrigen weist Augustin auf die Anweisung Jesu Christi an seine Jünger, gegebenenfalls von einer Stadt zur anderen zu fliehen, um nicht Verfolgern in die Hände zu fallen[2].

---

1 Fid. invis. 7,10: "Ita fidelibus usque ad mortem pro veritate, non mala rependendo, sed perpetiendo certantibus, nec occidendo, sed moriendo vincentibus; sic in istam religionem mutatus est mundus ... "

2 Civ. I,22: "ipse Dominus Christus, quando eos, si persecutionem paterentur, fugere admonuit de civitate in civitatem ..." - "Der Herr Christus, als er sie ermahnte, in Verfolgungszeiten aus einer Stadt in die andere zu flüchten ... " (Mt. 10,23)

Wir hoffen, daß die weit über das innerkirchliche Gespräch hinausgehende Bedeutung des Opferbegriffes am Ende unserer Untersuchung deutlich geworden sein wird. Doch zunächst ist es notwendig, in das mühsame Geschäft der Begriffsklärungen einzusteigen und die allenthalben noch vorhandenen Mißverständnisse und Vorbehalte abzubauen. Es gilt, den Boden für eine fruchtbare, heilsame und Unheil abwendende Aufnahme des Opferbegriffes zu bereiten.

Die verschiedenen Ausprägungen des Opferbegriffes bei Augustin zielen vom singulären Opfer Christi über das universale Opfer der Kirche auf das Opfersein der ganzen Menschheit hin. Augustin weiß: Die Einheit der Menschheit ist nur durch das Opfersein zu gewinnen - durch das Opfer der Liebe, der Versöhnung und des Friedens. Von dieser großartigen Konzeption her empfangen die ökumenischen Bemühungen heute einen starken positiven Impuls. Dieser Impuls gewinnt an Bedeutung angesichts der immer noch üblichen, im Grunde anachronistischen Selbstbehauptungsmechanismen, welche die Selbstzerstörung der Menscheit auf die Dauer nicht verhindern, sondern sie eher noch beschleunigen. Es bedarf heute keiner weitläufigen Beweisführungen, um den Menschen klarzumachen: Nur eine zum Selbstopfer bereite Hingabe an das, was für alle heilsam ist, bietet der Menschheit noch eine Lebenschance.

Christus, Kirche, Eucharistie und ein entsprechender Lebensvollzug treten in dieser Situation als die große Aktion Gottes zur Rettung seiner Schöpfung ganz überraschend neu ins Blickfeld. In diesem Horizont wollen die nachfolgenden Ausführungen über den Opferbegriff bei Augustin und in den Texten der Konvergenzerklärungen von Lima verstanden werden.

12

I. Die gegenwärtige Diskussion über den Opferbegriff in der Ökumene

Der Opfergedanke spielt in den kontroverstheologischen Diskussionen über die Eucharistie seit der Reformation die Rolle eines besonders neuralgischen Punktes. Erst in den letzten Jahren hat es in wissenschaftlichen Arbeiten und ökumenischen Dokumenten eine gewisse Annäherung der Standpunkte gegeben. Ich möchte hier nur auf einige der wichtigsten Veröffentlichungen der letzten Jahre hinweisen.

Zunächst ist das Dokument zu erwähnen, das die "Gemeinsame römisch-katholische/evangelisch-lutherische Kommission" unter dem Titel "Das Herrenmahl" im Jahre 1978 herausgegeben hat. In den Artikeln 56 bis 61 wird hier das "Eucharistische Opfer" behandelt und abschließend eine "wachsende Konvergenz in vielen Fragen" festgestellt. Von katholischer Seite wird in Artikel 57 unter Hinweis auf das Konzil von Trient versichert: "Es ist ein und dieselbe Opfergabe und es ist derselbe, der jetzt durch den Dienst der Priester opfert und der sich selbst damals am Kreuz darbrachte, nur die Art der Darbringung ist verschieden ..." Mag man gegenüber dieser Wiederaufnahme tridentinischer Formeln gewisse Bedenken erheben, so wird doch diese Aussage in Artikel 58 auf eine solche Weise entfaltet, daß jeder verdienstliche Charakter des Meßopfers ausgeschlossen bleibt: "Als Glieder seines Leibes werden die Gläubigen in das Opfer Christi einbezogen ... In der eucharistischen Vergegenwärtigung des geopferten und sich opfernden Herrn können die von ihm Erlösten im besten Sinne opfern. Sie bringen dem himmlischen Vater eine Gabe dar, die keinerlei Selbstgefälligkeit und Selbstgerechtigkeit aufkommen läßt. Sie ist ganz und gar freie, ungeschuldete Gabe der Liebe Gottes, in keiner Weise von den Menschen verdient; sie ist zugleich mit den Menschen zutiefst verbunden, mehr als dies bei irgendeiner Sache, die sonst geopfert werden könnte, der Fall sein kann: Christus ist ganz der unsere geworden; er ist unser Haupt. Aus uns haben wir nichts und vermögen wir nichts. Deshalb weisen wir nicht auf uns, sondern auf ihn. Aus uns heraus können wir Gott nicht Lob, Preis und Ehre darbringen, wir bringen Christus dar; er ist Lob, Preis und Ehre. Dieses die eigene Ohnmacht bekundende, sich ganz auf Christus verlassende und ihn dem Vater vorstellende und darbringende Handeln ist gemeint, wenn die katholische Kirche zu sagen wagt, daß nicht nur Christus sich für die Menschen opfert, sondern daß auch sie ihn opfert." Diese Aussagen werden ergänzt durch ein längeres Zitat aus einem katholisch-lutherischen Dokument, das in den USA entstanden ist: "Die Glieder des Leibes Christi sind durch Christus so mit Gott und miteinander vereint, daß sie Teilhaber werden an seiner Anbetung, seiner Selbsthingabe, seinem Opfer für den Vater. Durch dieses Einswerden zwischen Christus und den Christen bringt die Abendmahlsgemeinde Christus dar, indem sie einwilligt, in der Kraft des Heiligen Geistes durch ihn dem Vater dargebracht zu werden. Außer Christus haben wir keine Gaben, keine Anbetung, kein Opfer, das wir von uns aus Gott darbringen könnten. Wir können nichts anderes vorbringen als Christus, das Opferlamm und Opfer, das der Vater uns selbst gegeben hat."[3] Art. 60 bringt dann den Hinweis auf eine Äußerung Martin Luthers in der Schrift "Ein Sermon von dem neuen Testament, das ist die heilige Messe, 1520", aus der hervorgeht, daß diese Gedankengänge Luther keineswegs fremd waren. Nach der Feststellung, daß und weshalb man evangelischerseits den Begriff "Meßopfer" vermeiden möchte, heißt es hier: "Hingegen bejahte die lutherische Reformation die Deutung des Herrenmahls als Dankopfer für das im Sakrament gegenwärtige Kreuzesopfer. Dieses Dankopfer ist Ausdruck des Glaubens und geschieht in der Weise, daß wir mit Christus opfern, das ist, daß wir uns auf Christus legen mit einem festen Glauben an sein Testament und nicht anders mit unserm Gebet, Lob und Opfer vor Gott erscheinen, als durch ihn und seine (Heils-)Mittel und nicht daran zweifeln, er sei unser Pfarrer und Pfaff (d.h. Priester) im Himmel vor Gottes Angesicht!"[4]

Kritische Anmerkungen zu diesem Dokument "Das Herrenmahl" hat als Lutheraner Eilert Herms in der "Zeitschrift für Theologie und Kirche" vorgelegt[5]. Er schreibt: "Die Aussagen von 'Das Herrenmahl' über den Opfercharakter des Abendmahls sind solange für Lutheraner theologisch inakzeptabel, als die Zusammengehörigkeit von Opfer Christi und Hingabe des Glaubenden nicht in einer Weise gedacht wird, welche zugleich die präzise und völlig eindeutige Unterscheidung des dem menschlichen und des dem göttlichenSubjekt zuzuschreibenden Handelns ermöglicht."[6] Die

3   Zit. in "Das Herrenmahl" 35
4   Ibid. 37
5   *Eilert Herms*, ZThK 78 (1981) 345 ff.
6   Ibid. 362.

14

Frage, ob diese Bedenken wirklich einem genuin lutherischen Denken entsprechen, kann hier außer Betracht bleiben. Zu begrüßen ist, daß Herms mit dem hier zitierten Satz das kontrovers-theologische Problem hinsichtlich des Opfergedankens mit aller Deutlichkeit zum Ausdruck gebracht hat. Es geht in der Tat um die "Zusammengehörigkeit von Opfer Christi und Hingabe des Glaubenden" einerseits und um die "präzise und völlig eindeutige Unterscheidung des dem menschlichen und des dem göttlichen Subjekt zuzuschreibenden Handelns" andererseits. Auf diese Fragen hoffen wir dadurch eine befriedigende Antwort geben zu können, daß wir in angemessener Ausführlichkeit darlegen, wie Augustin den Opferbegriff im Rahmen seiner theologischen Konzeption entfaltet. Schon jetzt kann für Augustin festgestellt werden: Das Opfer Christi und das Opfer der Kirche werden aufs engste miteinander verbunden und aufs schärfste voneinander unterschieden.

Das zweite ökumenische Dokument, das die Aktualität unseres Themas erweist, ist der Bericht über das 7. Theologische Gespräch zwischen Vertretern der Russisch-orthodoxen Kirche und der Evangelischen Kirche in Deutschland im Juni 1976, der unter dem Titel "Das Opfer Christi und das Opfer der Christen" erschienen ist[7]. In den christologischen und ekklesiologischen Implikationen der orthodoxen Beiträge dieses Berichtes tritt die Kontinuität mit der Fülle altkirchlicher Positionen auf eindrucksvolle Weise in Erscheinung. Demgegenüber wird in den Beiträgen von evangelischer Seite der Opfergedanke ganz und gar auf das einst vollbrachte Kreuzesopfer Christi eingeschränkt. Das Opfer der Christen wird auf das Dank- und Lobopfer reduziert. Dies provoziert bei den orthodoxen Gesprächspartnern die Frage, wie es mit dem Ganzopfer der menschlichen Existenz bestellt sei. Bei aller Betonung der Einzigartigkeit des Opfers Christi ist das Opfer der Christen unaufgebbarer Bestandteil des eucharistischen Opfers: "Unbestreitbar ist unser Opfer in erster Linie Lobopfer. Ich glaube jedoch, wir sind uns alle darin einig, daß es zu wenig und unzutreffend ist, wenn wir das eucharistische Lobopfer als bloße Gefühls- und Gedankenäußerung begreifen; denn das Wort ist nichts ohne die Tat ... Unser ganzes Leben, unsere Taten, unser Verhalten und Handeln muß danach ausgerichtet sein, damit wir, wie Christus gesagt hat, die Reben sind, die viel Frucht bringen." (S. 194).

Zur Frage nach dem Subjekt des eucharistischen Geschehens wird festgestellt, daß nicht der Priester das Opfer vollzieht, "vielmehr vollzieht sich

---

7 ÖR.B. 34, Studienheft 10

das Mysterium dadurch, daß alle drei Hypostasen der Heiligen Dreifaltigkeit in ihm wirken. Christus ist dabei in erster Linie selbst der Darbringende, das Opfer und der, der sich den Gläubigen durch die Priester austeilt." (S. 190) Erfreulich ist, wie in den Gesprächen Mißverständnisse ausgeräumt, protestantische Defizite zugegeben und die Bereitschaft zur Öffnung zum Ausdruck gebracht werden.

Von herausragender Bedeutung ist das ökumenische Dokument, das unter dem Titel "Taufe, Eucharistie und Amt, Konvergenzerklärungen der Kommission für Glauben und Kirchenverfassung des Ökumenischen Rates der Kirchen" herausgegeben wurde. Diese im Jahre 1982 in Lima beschlossenen Texte liegen nun allen Mitgliedskirchen des Ökumenischen Rates zur verbindlichen Stellungnahme vor[8]. Von der Rezeption dieser Texte wird es abhängen, ob und inwieweit die Bemühungen um die Einheit der Kirche Jesu Christi einen wesentlichen Schritt vorwärts kommen werden. Daß bei der Erarbeitung dieses Dokuments auch Vertreter der römisch-katholischen Kirche nicht nur als Gäste, sondern als stimmberechtigte Mitglieder dabei waren, unterstreicht die kirchengeschichtliche Bedeutsamkeit dieses Ereignisses von Lima.

In den Thesen zur Eucharistie des Lima-Textes wird der Opferbegriff in seiner ganzen Vielschichtigkeit behandelt. Dabei wird die Einzigartigkeit des Opfers Christi für alle Menschen und für alle Zeiten auf eindrucksvolle Weise zur Geltung gebracht. (L E 5-8, vgl. L A 17 u. K.) Im Anschluß an biblische Texte (Röm 12,1ff., I Petr 2,5) wird aber auch ebenso klar von dem Opfer der Christen geredet, das sich aus dem Opfer Christi ergibt. (L E 9 u. 10) Im Zusammenhang damit wird die unser ganzes Sein verwandelnde Kraft der Eucharistie zur Geltung gebracht. (L E 13 u. K.) Was die Eucharistie für das Verhältnis der Christen untereinander und für ihr Verhältnis zur Welt bedeutet, wird in aller Ausführlichkeit und mit Redewendungen beschrieben, die dem sozialen, wirtschaftlichen und politischen Leben der Gegenwart entnommen sind (L E 19, 20, 21). Schließlich kommt auch der eschatologische Aspekt der Eucharistie auf eine solche Weise zur Sprache, daß deutlich wird: In diesem "Opfermahl der Vollendung" kommt das zur Darstellung, was die gesamte Schöpfung einmal werden soll. (L E 4, 7, 22-26) Auch da, wo der Opfergedanke nicht ausdrücklich erwähnt wird, bestimmt er das Gefälle der Gedankenführung. Er ist das Lebensprinzip des neuen Menschen, das in Jesus Christus wirksam

---

8 Die Konvergenzerklärungen von "Lima" werden zit.: LT (Taufe), LE (Eucharistie), LA (Amt) mit Ziffern und evtl. K (Komm.)

ist, in der Eucharistie dargestellt und vermittelt wird, sich im diakonischen Handeln bewährt und auf die Erlösung der ganzen Menschheit hinzielt.

Die kontroverstheologischen Probleme des Opfergedankens werden vor allem im Kommentar zu L E 8 angesprochen und mit der Bitte an alle Kirchen verbunden, "die historischen Kontroversen über das Opfer neu zu überdenken und ihr Verständnis der Gründe zu vertiefen, warum die jeweils anderen christlichen Traditionen diesen Begriff entweder verwendet oder abgelehnt haben." Meine Darlegungen über den Opferbegriff bei Augustin gehen genau in diese Richtung. Sie sollen dazu helfen, die historischen Unklarheiten und die daraus entstandenen Kontroversen nicht nur zu überdenken, sondern sie auch zu überwinden.

Die Dringlichkeit einer umfassenden Klärung des Opferbegriffes in seinen vielschichtigen Dimensionen geht schließlich aus dem Dokument hervor, das vom Kirchenamt der EKD im Dezember 1983 herausgegeben wurde. Es handelt sich um "Gesichtspunkte für Stellungnahmen zu den Konvergenzerklärungen", die den Gliedkirchen für ihre Beratungen übergeben wurden[9]. Hier wird in drei Abschnitten zu dem Thema Eucharistie Stellung genommen. Im ersten Abschnitt werden allgemein bekannte Gemeinsamkeiten festgestellt, auf die hier nicht einzugehen ist. Im zweiten Abschnitt werden Anfragen an uns behandelt, in denen Defizite im Abendmahlsverständnis und in der Abendmahlspraxis in erfreulicher Offenheit dargelegt werden. Dabei handelt es sich um Anfragen, die zum Teil schon seit vielen Jahren auch von der exegetischen und systematischen Arbeit protestantischer Forscher an uns gerichtet werden.

Im dritten Abschnitt dieser "Gesichtspunkte" werden schließlich Anfragen der EKD an die Limatexte vorgetragen. Man kann verschiedener Meinung darüber sein, ob die hier unter Ziffer 1 und 2 genannten "Anfragen und Vorbehalte" wirklich noch kontrovers sind. Die "Vergebung der Sünden" ist durchaus auch in den Lima-Texten mit dem Abendmahl verbunden, ist aber in den großen Zusammenhang des Heilsgeschehens so eingebettet, daß sie nicht mehr als isoliertes Faktum verstanden werden kann. Auch der Zusammenhang zwischen Mahlfeier und Wortverkündigung ist m.E. so gewahrt, daß deutlich ist: Die Mahlfeier ist vom Wort her zu verstehen, und die Wortverkündigung wird von der Mahlfeier her in ihrem Tatcharakter gesichert.

Die unter Ziffer 3 und 4 genannten "Anfragen und Vorbehalte" zielen jedoch genau auf die Problematik, der wir in dieser Arbeit unsere besondere

---

9 "Gesichtspunkte", EKD Texte 7.

Aufmerksamkeit widmen wollen. Es wird gut sein, den Text dieser "Anfragen und Vorbehalte" hier wiederzugeben:

"3) Christus als der Handelnde

Mit unserer theologischen Erkenntnis ist es nur schwer zu vereinbaren, daß in der Konvergenzerklärung zur Eucharistie Aussagen, nach denen die christliche Kirche das Subjekt des Handelns ist, so starkes Gewicht bekommen. Gerade weil auch der Lima-Text darauf hinweist, wie wichtig die Beziehung zu Christus ist und daß er selbst das Zentrum des Handelns sein muß, fällt es auf, daß nach E 4 die Eucharistie das große Lobopfer ist, durch das die Kirche für die ganze Schöpfung spricht. Rückt damit nicht die Kirche in einer Weise in das Zentrum der Eucharistie, daß sie selbst zum handelnden Subjekt gemacht wird?"

"4) Abendmahl und Opfer

Wir sind dankbar dafür, daß sich in dem Dokument keine Aussagen finden, die ein Verständnis der Eucharistie als einer Wiederholung des Opfers Christi durch die Kirche nahe legen könnten. Trotzdem haben wir Bedenken, wenn von 'Opfer' und 'Darbringung' geredet wird, ohne daß diese Begriffe, die durch jahrhundertelange Kontroversen belastet sind, hinreichend abgeklärt werden."

Damit ist deutlich geworden, daß es immer wieder dieselben Fragen sind, die in den verschiedenen Dokumenten und Stellungnahmen als der Klärung bedürftig bezeichnet werden[10]. Angesichts dieser Sachlage ergibt sich für uns die Aufgabe, durch eine umfassende Darlegung des Opferverständnisses bei Augustin die Voraussetzungen für die Überwindung dieser letzten Vorbehalte und Bedenken zu schaffen.

Will man das Verhältnis zwischen dem Opfer Christi und dem Opfer der Kirche, wie es sich bei Augustin darstellt, recht verstehen, dann tut man gut daran, zunächst einmal die gesamte Problematik beiseite zu lassen, die den im Mittelalter geprägten Opferbegriff seit der in der Reformation dage-

---

10 Dies gilt insbesondere für folgende Veröffentlichungen: *Karl Lehmann* und *Edmund Schlink*, Hg., Das Opfer Jesu Christi und seine Gegenwart in der Kirche, Klärungen zum Opfercharakter des Herrenmahles, in: Dialog der Kirchen, Bd. 3, Freiburg und Göttingen 1983.
   Karl Lehmann und *Wolfhart Pannenberg*, Lehrverurteilungen - kirchentrennend? I Rechtfertigung, Sakramente und Amt im Zeitalter der Reformation und heute, in: Dialog der Kirchen, Bd. 4, Freiburg und Göttingen 1986.
   Wolf-Dieter Hauschild, Peter Hünermann, Karl Lehmann, Wolfhart Pannenberg und *Ulrich Wilckens*, Ein Schritt zur Einheit der Kirchen, Können die gegenseitigen Lehrverurteilungen aufgehoben werden? Regensburg 1986.

gen erfolgten Reaktion belastet. Es empfiehlt sich bisweilen, hinter gewisse Fragestellungen zurückzugehen, aus denen geschichtliche Entscheidungen hervorgewachsen sind, die weder nach der einen noch nach der anderen Seite hin befriedigen können, und die alte Ausgangsstellung einzunehmen, neu zu fragen und dann gegebenenfalls zu neuen Antworten zu gelangen. Ich bin mir darüber im klaren, daß in die jahrzehntelangen Vorarbeiten und in die endgültigen Formulierungen der Lima-Texte augustinisches Gedankengut - bewußt oder unbewußt - eingegangen ist. Es wäre interessant, dies im einzelnen nachzuweisen. Aber die Bemühungen, die mancherlei Stränge kirchlicher Traditionen zusammenzubinden, mußten zwangsläufig auch dazu führen, daß gewisse Konturen verwischt wurden. So findet die Frage nach dem Subjekt kirchlichen Handelns in der Tat hier noch keine allseits befriedigende Antwort. Die Tatsache, daß das Opfer Christi und das Opfer der Kirche zwar zusammengehören, aber doch streng voneinander unterschieden werden müssen, wird gewiß eindeutig festgestellt. Aber es ist offenbar noch nicht gelungen, dies so einleuchtend zu machen, daß alle Bedenken beseitigt werden konnten. Dies hängt auch mit historisch gewachsenen Vorstellungen und Vorurteilen zusammen, deren Abbau eine mühsame und langwierige Arbeit erforderlich macht. Der Rückgriff auf Augustin kann in dieser Situation auf dreifache Weise hilfreich sein:

1. Durch seine Begriffsklarheit, seine Distinktionsfähigkeit und durch die Einheitlichkeit seiner umfassenden Konzeption vermag Augustin die komplexen Zusammenhänge des Opfergedankens in überzeugender Weise zu erhellen.

2. Der Opfergedanke ist bei Augustin Teil seiner im biblischen Schöpfungsglauben begründeten Ontologie und führt zu einer theologisch qualifizierten Anthropologie.

3. Der Opfergedanke ist Kernstück seiner Corpus-Christi-Lehre, die Christologie und Ekklesiologie auf eine solche Weise miteinander verbindet, daß geschichtliches Verstehen Vergangenheit, Gegenwart und Zukunft umschließt und auch die kosmische Dimension eröffnet.

Im nachfolgenden Teil unserer Untersuchung werden wir uns zunächst den Opferbegriff Augustins in seiner Abgrenzung gegenüber dem heidnischen Opferbegriff vergegenwärtigen. (II) Danach soll gezeigt werden, welche Bedeutung dieser Opferbegriff im Rahmen der theologischen Konzeption Augustins besitzt. (III) Von daher wird es dann möglich sein, gewisse historische Mißverständnisse aufzuzeigen und zu klären. (IV) Nach dieser sachlich-terminologischen Abklärung kann dann dargelegt werden, wie das Opfer Christi und das Opfer der Kirche in der Feier der Eucharistie so zueinander in Beziehung gesetzt werden, daß an einer klaren Unterscheidung festgehalten, aber eine Trennung vermieden wird. (V) Abschließend ist zu bedenken, welche Konsequenzen sich aus dem Opfersein der Kirche für ihren Dienst an der Welt ergeben. (VI)

II. Der Opferbegriff Augustins in seiner Abgrenzung gegenüber dem heidnischen Opferbegriff

Augustin entnimmt seinen Opferbegriff der biblisch-kirchlichen Tradition und klärt ihn in der Auseinandersetzung mit dem reaktionären Heidentum seiner Zeit, wie sie uns vor allem aus seinem Werk "De civitate Dei" bekannt ist. Die Bedeutung dieses Begriffes im Rahmen seiner theologischen Gesamtkonzeption ist nicht leicht zu überschätzen. Wir wollen versuchen, seine Eigenart von mehreren Seiten her zu erfassen.

§ 1 Der Opferbegriff als Totalbestimmung menschlicher Existenz

"Demnach ist also *der Mensch* überhaupt, wenn er durch den Namen Gottes geweiht und Gott gewidmet ist, *ein Opfer*, sofern er der Welt abstirbt, um Gott zu leben[11]." Mit dieser und vielen ähnlichen Aussagen wird der Opferbegriff im schärfsten Gegensatz zu der heidnischen Verdinglichung des Opfers streng auf den Menschen bezogen. Auch da, wo dieses "unsichtbare", weil in geschichtlicher Existenz sich immer neu verwirklichende Opfersein des Menschen in dem "sichtbaren" Opfer irgendeiner Sache objektiviert wird - wie bei den Opfern im Alten Testament -, bleibt doch diese anthropologische Bezogenheit das für Augustin entscheidende Element des Opferbegriffes. Nur wo ein sichtbar-dingliches Opfer jenes eigentliche, die Ganzheit menschlicher Existenz umschließende Opfersein des Menschen meint, repräsentiert und in sich zur Darstellung bringt, ist dieses Opfer nach Augustin "wahres" Opfer[12]. Selbst die Tatsache, daß ein solches Substitutopfer dem einen und wahren Gott dargebracht wird, was, - im Gegensatz zu den heidnischen Opfern - im allgemeinen von den Opfern des A.T. gesagt werden kann, genügt noch keinesfalls, um das Opfer zu einem Gott angenehmen und also von ihm annehmbaren Opfer zu

---

11 Civ. X,6: "Unde *ipse homo* Dei nomine consecratus et Deo votus, in quantum mundo moritur ut Deo vivat, *sacrificium est.*" Ibid. X, 3-7 sind für die Interpretation des Opferbegriffes von grundlegender Bedeutung. Vgl. auch X, 19.
12 Vgl. ibid. X,5

machen. Nur wo in einem dem wahren Gott dargebrachten Opfer das Ganzopfer des menschlichen Lebens gemeint ist, kann von wahrem Opfer die Rede sein. Dies wird von Augustin in prägnanter Weise an dem Opfer Kains verdeutlicht[13]. Weshalb verwirft Gott das Opfer Kains? Weil er, so antwortet Augustin, den Sinn des Opferns dadurch verfälscht, daß er "falsch teilt" (male dividebat): "Indem er Gott zwar etwas von dem Seinen gibt, sich selbst aber für sich behält[14]". Mit dieser verkehrten Einstellung gegenüber Gott, die beim Opfern offenbar wird, zeigt Kain, daß er nicht zu den "Guten" gehört, von denen gilt: "Sie gebrauchen die Welt, um Gott zu genießen", sondern zu den "Bösen, die Gott dazu gebrauchen wollen, um die Welt zu genießen[15]."

Eben dieses falsche Opfern ist es, was Kain zum "Begründer der irdischen Bürgerschaft" (terrenae conditor civitatis) macht und ihn also von den Bürgern der "civitas Dei" unterscheidet. Kain ist, wie Augustin sagt, der Repräsentant aller, "die Gott erkaufen wollen, daß er ihnen beistehe, nicht zur Besserung, sondern zur Befriedigung ihrer verderbten Neigungen[16]". Abels Opfer dagegen wird angenommen, weil es Ausdruck der Tatsache ist, daß Abel in und mit seinem dinglichen Opfer sich selbst Gott zum Opfer darbringt im Sinne der augustinischen Auffassung: "Wir selbst sollen ein Opfer für Gott sein[17]".

13 Vgl. ibid. XV, 7
14 Ibid.: "male dividebat, dans Deo aliquid suum, sibi autem se ipsum."
15 Ibid.: "Boni quippe ad hoc utuntur mundo, ut fruantur Deo; mali autem contra, ut fruantur mundo, uti volunt Deo..." Die Unterscheidung von "uti" und "frui" ist grundlegend für die Ethik Augustins. S. dazu Anders Nygren, Eros und Agape, Gütersloh 1936.
16 Ibid. XV, 7: "Quod omnes faciunt, qui non Dei, sed suam sectantes voluntatem, id est non recto, sed perverso corde viventes, offerunt tamen Deo munus, quo putant eum redimi, ut eorum non opituletur sanandis pravis cupiditatibus, sed explendis." - "Das (nämlich das falsche Teilen bzw. Unterscheiden) tun alle, die nicht Gottes Willen folgen, sondern ihrem eigenen, demnach nicht rechtschaffenen, sondern verkehrten Herzens leben und dennoch Gott eine Gabe darbringen, seine Gunst zu erkaufen, daß er ihnen behilflich sei, nicht etwa ihre bösen Begierden abzulegen, sondern sie zu befriedigen."
17 Ibid. X, 19: "Quocirca sicut orantes atque laudantes ad eum dirigimus significantes voces, cui res ipsas in corde quas significamus offerimus: ita sacrificantes non alteri visibile sacrificium offerendum esse noverimus quam illi, cuius *in cordibus nostris invisibile sacrificium nos ipsi esse debemus*." - "Denn wie wir betend und lobend unsere Worte an Gott richten, die doch nur Zeichen sind dessen, was wir im Herzen

Mit dieser anthropologischen Verankerung des Opferbegriffes, die stets auf das Ganzopfer des menschlichen Lebens hinzielt, wird das Opfer aus seiner kultischen Isolierung herausgelöst und in den Gesamtzusammenhang des menschlichen Lebens hineingestellt, der alle Bezüge und Verhältnisse desselben umschließt. Das "falsche Opfern" ist nur ein Symptom des "falschen Lebens". Im Hintergrund des falschen Opferns steht die "Herrschsucht" (cupiditas dominandi), die nicht aus "liebender Fürsorge für andere", sondern zur Befriedigung der eigenen Selbstherrlichkeit sich des göttlichen Beistandes versichern möchte. Diese Menschen verehren zwar Gott, aber sie haben selbst mit ihrer Religion, mit ihren kultischen Verrichtungen nur dies im Sinn: Gott als Mittel für ihre eigenen Zwecke zu gebrauchen, über ihn zu verfügen und seine Macht vor den Wagen ihrer eigenen Interessen zu spannen, sich selbst aber im Vollzuge ihres Lebens dem Anspruch Gottes zu versagen.

§ 2 Das Opfersein des Menschen als Rückgabe des von Gott Empfangenen und als Hingabe an Gott und die Mitmenschen

Die im Opfersein gegebene Totalbestimmung des Menschen wird von Augustin als Hingabe qualifiziert, in der der Mensch das "zurückgibt", was er zuvor "empfangen" hat. Das Opfersein des Menschen vollzieht sich also in der ständigen Wechselbeziehung von "accipere" und "reddere". Der Mensch ist das, was er empfängt - eine Aussage, die in den eucharistischen Texten Augustins eine zentrale Rolle spielt[18]: Er kann aber auch nur das geben, zurückgeben und weitergeben, was er zuvor empfangen hat.

tragen und ihm darbringen, so müssen wir wissen, daß auch sichtbare Opfer keinem anderen dargebracht werden dürfen als ihm, *dessen unsichtbares Herzensopfer wir selbst sein sollen.*" In diesem Sinne ist der Opferbegriff ein Schlüsselbegriff für das Denksystem Augustins. Die Einschränkung des Opferbegriffs auf einen rein religiös-kultischen Akt verbaut das Verständnis für die Konzeption Augustins. Dies gilt für die im übrigen von großer Weisheit geprägte Arbeit von *Dolf Sternberger*, Drei Wurzeln der Politik, Teil V: Augustinus oder die Eschatologik, Frankfurt/M. 1978, 317. Wir kommen darauf zurück.

18 Serm. 227: "Si bene accepistis, vos estis, quod accepistis." - "Wenn ihr recht empfangen habt, dann seid ihr selbst das, was ihr empfangen habt. (sc. Leib Christi)." Eine in den eucharistischen Predigten immer wieder vorkommende Formulierung. S. § 13.

Zunächst hat er sich selbst von Gott empfangen und schuldet ihm daher das "reddere" im konkreten Lebensvollzuge. Immer wieder wird auf I. Kor 4,7 hingewiesen und festgestellt: "Was haben wir, was wir nicht empfangen hätten." Daraus ergibt sich dann selbstverständlich: "Ihm (Gott) weihen wir und geben wir zurück seine Gaben in uns, und das heißt: uns selbst[19]." In der Entgegennahme des Lebens aus der Hand Gottes und im Zurückgeben des Empfangenen erfüllt menschliches Leben seine Bestimmung. Das Opfersein des Menschen ist also weder ein in sich ruhendes Sein noch ein Sein, das im Menschen begründet wäre. Es ist vielmehr ein Sein, das sich im Vollzuge des Empfangens und Zurückgebens bzw. Weitergebens immer wieder neu ereignet. Der Mensch ist überhaupt nur Mensch, sofern er sich empfängt und im Lebensvollzuge zurückgibt. Damit ist klargestellt, daß das Opfersein des Menschen das "do ut des" des heidnischen Opfers ausschließt. Der Mensch gibt nicht, um zu empfangen - was könnte er denn geben, was er nicht empfangen hätte -, sondern er empfängt, um zu geben. Daraus ergibt sich, wie sehr sich diese im Schöpfungsglauben begründete Ontologie von anderen antiken Ontologien unterscheidet. Indem das Opfersein des Menschen ein von dem "accipere" und "reddere" charakterisiertes Sein ist, wird die Möglichkeit ausgeschlossen, dieses ereignishafte Sein mit den Kategorien eines Denkens zu erfassen, das dem Subjekt-Objekt-Schema verhaftet ist. Diese Denkkategorien belasten das kontroverstheologische Gespräch, wie sich anhand der oben erwähnten Texte leicht nachweisen läßt, in erheblichem Maße. Wie alle geschichtlichen Vorgänge lassen sich auch die Begegnungen zwischen Gott und Mensch nicht rein analysierend erfassen. Sie erschließen sich nur einem Denken, das scheinbar einander ausschließende Aussagen in ihrem komplexiven Ineinander wahrzunehmen und zu begreifen vermag. Mit der Alternativfrage, ob das Opfersein des Menschen ein "opus dei" oder ein "opus hominis" sei, bekommt man den hier vorliegenden Tatbestand nicht in den Griff. Gewiß ist es der Mensch, der "opfert", insofern kann von einem "Werk des Menschen" geredet werden. Aber er "opfert" nur, was Gott ihm zuvor "geopfert" hat, darum bleibt das Opfer des Menschen in jedem Falle eine "res divina", eine Sache Gottes. Indem Gott als der Gebende für den Menschen da ist, ist der Mensch als einer bestimmt, dessen eigentliches Wesen darin besteht, für Gott da zu sein, ja Gott zu gehören.

---

19 Civ. X, 3: "ei (sc. Deo) dona eius in nobis nosque ipsos vovemus et reddimus." Die Verben "offerre", "reddere", "sacrificare" werden von Augustin synonym gebraucht.

Gewiß realisiert sich dieses Opfersein als "accipere" und "reddere" zunächst in der Beziehung zwischen Gott und dem einzelnen Menschen. Gott will nicht das "Opfern von Schlachtvieh" sondern "das Opfer des zerschlagenen Herzens[20]". Aus diesem Opfer des ob seiner Sünde zerschlagenen und in der Buße sich Gott darbietenden Herzens wird das "Opfer der Demut und des Lobes" geboren, das Gott "auf dem Altar des Herzens mit dem Feuer brennender Liebe" dargebracht wird[21]. Dieses Lobopfer ist zugleich Dankopfer, zu dem der Mensch aus zwei Gründen verpflichtet ist: "Einmal, weil er alles Gute, was er ist und hat, von Gott empfangen hat, zum andern, weil Gott ihm das Böse, das er von sich hat, vergibt[22]."

Doch wird mit diesem Opfer der Buße, des Lobes und des Dankes das Opfersein des Menschen keineswegs auf seine Beziehung zu Gott beschränkt. Auch die Verengung des Opfergedankens auf das Lob- und Dankopfer, wie es der spiritualisierenden Tendenz protestantischen Denkens entspricht, findet bei Augustin keine Stütze. Für ihn betrifft das Opfersein nicht nur das fromme und individuelle Innenleben des Menschen, sondern auch seine äußere Existenz einschließlich seiner konkreten Beziehungen zum Mitmenschen. In die Leib und Seele umfassende Ganzheit des Opferseins gehört selbstverständlich auch die Beziehung zum Mitmenschen hinein. "Die vielen von Gott gegebenen Opfervorschriften", so heißt es, "beziehen sich auf die Liebe zu Gott und dem Nächsten[23]." Aus der Dankbarkeit für die von Gott empfangene Barmherzigkeit folgt notwendig die barmherzige Tat gegenüber dem Mitmenschen. Eben diese barmherzige Tat wird von Augustin wiederum als Opfer verstanden. Doch das Opfern als konkrete Tat der Barmherzigkeit ist eine Funktion des Opferseins des Menschen schlechthin. In diesem Sinne ist die Barmherzigkeit das "wahre Opfer", auf das alle anderen Opfer hinzielen[24]. In der Barmherzigkeit schließt sich der Ring, der das Opfersein des Menschen umfaßt: Die Beziehung zu sich selbst und die Beziehung zum Nächsten ist von der Gottesbe-

---

20 Ibid. X, 5: "sacrificium contriti cordis."
21 Ibid. X, 3: "ei sacrificamus hostiam humilitatis et laudis in ara cordis igne fervidae caritatis."
22 Ibid., X, 3. Vgl. VI, 31.
23 Ibid. X, 5: "Quaecumque igitur ... multis modis de sacrificiis leguntur divinitus esse praecepta, ad dilectionem Dei et proximi significando referuntur."
24 Ibid. X, 5: "misericordia verum sacrificium est."

ziehung her bestimmt[25]. Werke der Barmherzigkeit sind auch insofern "wahre Opfer", als sie das Menschsein als ein von Gott empfangenes und dem Nächsten sich darbietendes Sein charakterisieren. Gott bedarf ja unserer Opfer nicht. Als von Gott empfangenes, ihm geschuldetes, ihm dargebrachtes Sein "nützt" dieses Sein uns selbst und dem Mitmenschen. So bleibt es in jedem Falle eine "res divina". Daraus ergibt sich die Tatsache, daß die aus dem Opfer*sein* des Menschen herausfließende Opfer*tat* nicht als fromme Leistung des Menschen gegenüber Gott verstanden werden kann. Nicht nur die Gesinnung, auch das Tun der Barmherzigkeit ist, wie überhaupt das Tun der guten und gerechten Werke, eine Funktion dessen, was der Mensch ist, und das heißt dessen, was er zuvor empfangen hat. Es ist eine "res divina", d.h. aber nichts anderes als dies: Im Handeln des Menschen, der sein Leben als ein Opfer für Gott und die Mitmenschen versteht, bleibt Gott das Subjekt des Handelns.

Im Opfersein wird so die Ganzheit des menschlichen Seins als ein Sein in der Hingabe an Gott und den Nächsten charakterisiert. "Ipse homo ... sacrificium est" muß als die zentrale anthropologische Aussage Augustins verstanden werden.

Bemerkenswert ist auch die Tatsache, daß das Opfersein des Menschen nicht im neuplatonischen Sinne auf die geistig-seelische Existenz, etwa auf eine "Opfergesinnung" eingeschränkt wird. Für das Opfersein wird der Leib ebenso in Anspruch genommen wie die Seele. Unter Hinweis auf Röm 12,1 ff. stellt Augustin fest: "Wenn wir unsern Leib durch Mäßigkeit in Zucht halten und es, wie wir sollen, um Gottes willen tun, so daß wir unsere Glieder nicht als Waffen der Ungerechtigkeit in den Dienst der Sünde, sondern als Waffen der Gerechtigkeit in den Dienst Gottes stellen, ist er ein Opfer ... Wenn aber der Leib, der der Seele untergeordnet ist, und dem sie gewissermaßen die Rolle eines Dieners oder Werkzeuges zuweist, bei gutem und rechtem Gebrauch auf Gott bezogen, ein Opfer ist, wie viel mehr wird dann die Seele zum Opfer, wenn sie sich Gott hingibt, vom

---

25 Ibid. X, 6: "Cum igitur vera sacrificia opera sint misericordiae sive in nos ipsos sive in proximos, quae referuntur ad Deum." - "So sind also wahre Opfer Werke der Barmherzigkeit gegen uns selbst wie gegen den Nächsten, die sich auf Gott beziehen."

Feuer göttlicher Liebe entzündet ... [26]" Der Mensch wird also in der Ganzheit von Leib und Seele, in seinem Denken, Fühlen und Handeln, in seiner Beziehung zu Gott und den Mitmenschen, in der alles umfassenden Entgegennahme und Hingabe seines Seins als Opfer verstanden. Daraus gewinnt der anthropologische Opferbegriff Augustins seine ekklesiologische und sakramentale Relevanz: "Das herrlichste und beste Opfer aber für ihn (sc. Gott) sind wir selbst, d.h. seine Bürgerschaft und wir feiern es als Mysterium in unseren Darbringungen, die den Gläubigen bekannt sind[27]."

---

[26] Ibid. X, 6: "Corpus etiam nostrum cum temperantia castigamus, si hoc, quem ad modum debemus, propter Deum facimus, ut non exhibeamus membra nostra arma iniquitatis peccato, sed arma iustitiae Deo, sacrificium est ... Si ergo corpus, quo inferiore tamquam famulo vel tamquam instrumento utitur anima, cum eius bonus et rectus usus ad Deum refertur, sacrificium est: quanto magis anima ipsa, cum se refert ad Deum, ut igne amoris eius accensa ..."

[27] Ibid. XIX, 23: "Huius autem praeclarissimum atque optimum sacrificium nos ipsi sumus, hoc est civitas eius, cuius rei mysterium celebramus oblationibus nostris, quae fidelibus notae sunt."

III. Die Anwendung dieses die Anthropologie bestimmenden Opferbegriffes im Rahmen der theologischen Konzeption Augustins

Diese im Opferbegriff gegebene Totalbestimmung des menschlichen Seins tritt für Augustin in allen Dimensionen seines theologischen Denkens in Erscheinung: 1. Im schöpfungsgemäßen Urstande. 2. In der eschatologischen Vollendung. 3. In der himmlischen Welt der Engel und der Seligen. 4. In Jesus Christus. 5. In der Kirche und ihren Sakramenten. 6. Im Lebensvollzug der Gläubigen und der Märtyrer.

Wir müssen uns die Bedeutung des Opferbegriffes in diesem Gesamtrahmen augustinischen Denkens vergegenwärtigen. Erst dann kann es gelingen, die Bedeutung des Opferbegriffes im Rahmen der Eucharistie zu verstehen.

§ 3 Das Opfersein des Menschen im schöpfungsgemäßen Urstande

Dies gehört zu den erstaunlichsten Entdeckungen, die man bei Augustin machen kann: Das Opfersein ist bereits für das Sein des Menschen als Geschöpf im Paradiese charakteristisch. So wird von Adam und Eva gesagt: "Damals brachten sie - die ersten Menschen im Paradiese -, rein und unversehrt von allem Schmutz der Sünde, sich selbst Gott als vollkommen lautere Opfer dar[28]." Die gottwohlgefälligen Opfer, die es nach der Weissagung des Maleachi (3,4) einmal "in alten Tagen und früheren Jahren" gegeben hat, können nach Augustin nur in jener Zeit dargebracht worden sein, die, ebenso wie die Endzeit, keiner anderen Zeit vergleichbar ist, nämlich in jener Zeit, in der die Menschen "vor dem Sündenfall in schuldloser Glückseligkeit lebten[29]."

Das Opfersein entspricht also dem schöpfungsgemäßen, ursprünglichen Zustande des Menschen. Es ist in dem Geschöpfsein mitgesetzt als die Be-

---

28 Civ. XX, 26: "Tunc enim - primi homines in paradiso - puri atque integri ab omni sorde ac labe peccati *se ipsos Deo* mundissimas hostias *offerebant*."

29 Ibid.: "ante praevaricationem innocentissima felicitate vixerunt."

stimmung, deren Erfüllung den Sinn des Lebens ausmacht. Geschöpfsein und Opfersein sind also identisch. Der Mensch, der sein Sein von Gott empfängt, verwirklicht dieses Sein existentiell in der Hingabe an Gott und den Mitmenschen.

Dieses Opferverständnis steht im schärfsten Gegensatz zu der in der Religionsgeschichte sonst üblichen Auffassung, wonach die Tatsache des Opferns den Bruch zwischen Gott und Mensch voraussetzt und anzeigt. Nach dieser in der Welt der Religionen weit verbreiteten Auffassung ist das Opfer schlechthin als "Sühnopfer", als "sacrificium pro peccatis", zu verstehen. Es ist hier Ausdruck für das Bedürfnis, die Sehnsucht und das Verlangen des Menschen, den durch die Sünde entstandenen Bruch zwischen Gott und Mensch zu heilen, das Wohlwollen der Gottheit zu erlangen und in die Gemeinschaft mit Gott wieder aufgenommen zu werden.

Wenn aber die Menschen bereits im Paradies in ihrem Sein als Opfer charakterisiert werden, dann kann jedenfalls dieses Opfersein unmöglich als Versöhnungsmittel im propitiatorischen oder als Genugtuung im satisfaktorischen Sinne verstanden werden. Wo der Mensch in der ungebrochenen, durch keine Sünde beeinträchtigten Gemeinschaft mit Gott lebt, ist die Notwendigkeit einer versöhnenden oder genugtuenden Leistung des Menschen nicht gegeben. Hier kann dieses "Für-Gott-da-Sein" in keiner Weise den Charakter einer auf Gott gerichteten, frommen Leistung haben. Opfersein - das ist damit deutlich geworden - ist vielmehr das sich aus der Schöpfung ergebende Sein des Menschen schlechthin. Menschsein heißt Opfersein, heißt von Gott her und auf Gott hin existieren, heißt also Sein in der Entgegennahme und in der Hingabe.

§ 4 Das Opfersein als Verheißung für den Menschen in der Vollendung der endzeitlichen Zukunft

Der Urzeit entspricht die Endzeit. Das Opfersein, das im paradiesischen Zustande in selbstverständlicher Weise das Existieren des Menschen bestimmte, ist für die eschatologische Zukunft verheißen. In diesem Sinne wird von Augustin die Verheißung von Maleachi 3,3 f. verstanden: "Und er wird die Söhne Levis reinigen und wird sie läutern wie Gold und Silber, und sie werden dem Herrn Opfer bringen in Gerechtigkeit und dem Herrn wird das Opfer Judas und Jerusalems gefallen[30]". "Opfer in Gerechtigkeit"

---

30 Ibid. XX, 25: "Et emundabit filios Levi et fundet eos sicut aurum et argentum; et erunt Domino offerentes hostias in iustitia, et placebit Domino sacrificium Judae et Hierusalem, ... " (Mal 3,37)

darbringen kann aber nur der Mensch, dessen ursprünglicher Zustand im Endzustand wiederhergestellt und unumkehrbar vollendet ist: "Die Opfer in voller und vollendeter Gerechtigkeit werden sie selbst sein, wenn sie gereinigt sind. Was könnten sie auch in solchem Zustand Angenehmeres Gott darbringen als sich selbst[31]?" So sind im Opfersein des Menschen schöpfungsgemäße Bestimmung und letzte Vollendung miteinander verbunden. Prädestination und Eschaton koinzidieren im Opfersein des Menschen. Die "Söhne Levis", "Juda" und "Jerusalem", denen diese Vollendung verheißen ist, meinen nach Augustin natürlich die Kirche, "qualis tunc erit", also die Kirche, wie sie sein wird, wenn sie "durch das Läuterungsfeuer des Gerichts von den Schlacken der Sünde befreit" und in ihrem eigentlichen Sein gereinigt in Erscheinung tritt: "So, daß es überhaupt niemanden geben wird, der noch für seine Sünden Opfer darbringen müßte[32]." "Sühnopfer" wird es also im Endzustande der Erlösung nicht geben[33].

Ursprüngliche Bestimmung und endzeitliche Vollendung sind demnach im Opfersein auf eine solche Weise realisiert, daß sie nicht auf eine Versöhnung zwischen Gott und Mensch hinzielen, sondern das Sein in der

---

31 Ibid.: "*Hostiae* porro in plena perfectaque iustitia, cum mundati fuerunt, *ipsi erunt.* Quid enim acceptius Deo tales offerunt quam se ipsos?"

32 Ibid.: "Filios autem Levi et Judam et Hierusalem ipsam Dei *ecclesiam* debemus accipere, non ex Hebraeis tantum, sed ex aliis etiam gentibus congregatam; *nec talem, qualis nunc est,* ubi, si dixerimus, quia peccatum non habemus, nos ipsis seducimus, et veritas in nobis non est; (I Joh, 1,8) sed *qualis tunc erit,* velut area per ventilationem, ita per iudicium purgata novissimum, eis quoque igne mundatis, quibus talis mundatio necessaria est, ita ut nullus omnino sit, qui offerat sacrificium pro peccatis suis." - "Unter den Söhnen Levis und unter Juda und Jerusalem müssen wir die Kirche Gottes selber verstehen, die nicht nur aus den Hebräern, sondern auch aus den anderen Völkern gesammelt ist; zwar nicht die Kirche in ihrem jetzigen Zustand, wo wir uns selbst betören würden und die Wahrheit nicht in uns wäre, wenn wir sagten, wir hätten keine Sünde (I Joh 1,8); sondern wie sie dann sein wird; denn dann wird sie, wie das Getreide auf der Tenne durch Worfeln, durch das jüngste Gericht gereinigt werden und auch die, denen es not tut, werden durchs Feuer gereinigt sein, sodaß nun keiner mehr ist, der noch ein Opfer für seine Sünden darbringen müßte." S. auch XX, 9.

33 Ibid. XX, 26: "Volens autem Deus ostendere civitatem suam tunc in ista consuetudine non futuram dixit filios Levi oblaturos hostias in iustitia; non ergo in peccato ac per hoc non pro peccato." - "Aber Gott wollte keinen Zweifel darüber lassen, daß seine Stadt alsdann nicht die Gepflogenheit haben werde, Sühnopfer darzubringen; darum heißt es ausdrücklich, in Gerechtigkeit würden die Söhne Levis ihre Opfer darbringen; also nicht in Sünde und demnach auch nicht für die Sünde."

Hingabe an Gott und die Mitmenschen als gegeben voraussetzen. Augustin unterscheidet also das eschatologische Opfersein des Menschen ebenso wie das in der ursprünglichen Bestimmung vorliegende prädestinatianische Opfersein von den sonst üblichen Opfern, die als Sühnopfer für die Sünden der Menschen mit propitiatorischer Absicht dargebracht werden[34].

Was das Opfersein im Endzustande gegenüber dem Urstande auszeichnet, ist die Tatsache, daß dieses "irreversibel" ist. Während der Mensch der Urzeit die Möglichkeit hatte, aus der Gottesgemeinschaft herauszufallen, besitzen die Menschen der Endzeit die Gabe der "Beharrlichkeit" (perseverantia) und "genießen die Freude friedvoller Gottesgemeinschaft in ungetrübter, ewiger Glückseligkeit[35]."

§ 5 Das Opfersein der Engel und der Seligen, die als "gute Mächte" aus der himmlischen Welt die Irdischen hilfreich umgeben

Als Opfer für Gott und die Menschen werden von Augustin schließlich auch die Engel verstanden. Diese sind mit den Seligen, d.h. mit den verewigten Gliedern der Gottesbürgerschaft bzw. der Kirche in der himmlischen Welt vereint und erfreuen sich ewiger Glückseligkeit. Sie haben aber auch einen Dienst an den noch auf Erden lebenden Gliedern des Gottesstaates wahrzunehmen: "Jene Unsterblichen und Seligen erfreuen sich in ihren himmlischen Wohnsitzen der Anteilnahme an ihrem Schöpfer; durch seine Ewigkeit sind sie gefestigt, durch seine Wahrheit sind sie gewiß, durch seine Gnadengabe sind sie heilig. Ihre liebende Barmherzigkeit ist uns zugewandt mit dem Wunsche, daß wir werden, was sie sind: unsterblich und glückselig. Sie wollen auf keinen Fall, daß wir ihnen Opfer darbringen; denn sie wissen, daß sie zusammen mit uns als Opfer dem Gott gehören, dem allein Opfer darzubringen sind. Denn zusammen mit ihnen

---

34 Ibid. XX, 25: "Omnes enim qui sic offerunt, profecto in peccatis sunt, pro quibus dimittendis offerunt, ut cum obtulerint acceptumque Deo fuerit, tunc dimittantur." - "Denn wer ein solches (Sühn-)Opfer darbringt, steckt in Sünden, für deren Nachlaß er es darbringt, damit sie erlassen werden, wenn das Opfer dargebracht und Gott genehm ist."

35 Vgl. Ibid. XI, 12 u. ö. S. auch die gleichzeitigen Traktate "De correptione et gratia" und "De dono perseverantiae".

bilden wir den einen Gottesstaat, von dem es heißt: 'Herrliches ist von dir gesagt, du Stadt Gottes' (Ps. 87,3)[36]."

Es ist interessant, wie hier das Opfersein mit dem für Augustin zentralen Begriff des Gottesstaates, richtiger der Gottesbürgerschaft (civitas Dei) in Verbindung gebracht wird. Weil die Engel, ebenso wie die verewigten Gläubigen und die noch auf Erden lebenden Gläubigen, Geschöpfe Gottes sind, bilden sie zusammen mit ihnen den einen Gottesstaat, dessen Dasein als Opfersein definiert wird.

An dieser Stelle muß in aller Kürze auf den Zusammenhang zwischen der "Bürgerschaft Gottes" (civitas Dei), dem"Reich Christi" (regnum Christi), dem "Leib Christi" (corpus Christi) und der "Kirche" (ecclesia) hingewiesen werden. Daß diese Begriffe für Augustin die gleiche Wirklichkeit umschreiben, ist in der Forschung lange umstritten gewesen. Die Identität dieser Begriffe kann man nur verstehen, wenn man ihren transzendentalen und eschatologischen Charakter ins Auge faßt. Sowohl der Gottesstaat als auch das Reich Christi, der Leib Christi und die Kirche verwirklichen sich in vier Dimensionen. Bei der Beschreibung dieser Dimensionen wird deutlich, daß diese Begriffe wechselweise und synonym gebraucht werden. Die durch die vier Dimensionen gegebenen Differenzierungen erwachsen jeweils aus dem Zusammenhang.

Wir sahen bereits, daß die *urzeitliche Dimension* im Paradies auf der horizontalen Zeitlinie der *endzeitlichen Dimension* der Vollendung im Reiche Gottes entspricht. Zwischen Urzeit und Endzeit lebt die Bürgerschaft Gottes in der *irdisch-geschichtlichen Dimension*, die in Beziehung steht zur *himmlisch-übergeschichtlichen Dimension*.

In der irdisch-geschichtlichen Zwischenzeit sind die beiden Staaten, der himmlische und der irdische, auf eine oft verwirrende Weise miteinander vermengt. In der Kirche, wie sie jetzt und hier in Erscheinung tritt, sind die Guten mit den Bösen so lange miteinander vermischt, bis die Engel beim jüngsten Gericht auf Anweisung des Menschensohnes die große Scheidung vornehmen werden. Die zukünftige Kirche der Endzeit wird

---

36 Civ. X, 7: "Merito in caelestibus sedibus constituti inmortales et beati, qui creatoris sui participatione congaudent, cuius aeternitate firmi, cuius veritate certi, cuius munere sancti sunt, quoniam nos mortales et miseros, ut inmortales beatique simus, misericorditer diligunt, *nolunt nos sibi sacrificari, sed ei, cuius et ipsi nobiscum sacrificium esse noverunt. Cum ipsis enim sumus una civitas Dei*, cui dicitur in psalmo: gloriosissima dicta sunt de te, civitas Dei." Vgl. X, 19.31; XI, 12.13.

keine Bösen mehr in ihrer Mitte haben[37]. Hier auf Erden befindet sich die Bürgerschaft Gottes auf einer überaus beschwerlichen Wanderschaft und sehnt sich nach der glückseligen Gemeinschaft mit den Engeln in "ihren himmlischen Wohnsitzen". Doch im Glauben sind die Christen den Engeln schon jetzt nahe. Hier wird neben der irdisch-geschichtlichen die transzendentale, himmlische Dimension sichtbar[38].

Sofern Christus, seiner Verheißung entsprechend, in seiner Kirche gegenwärtig ist, verwirklicht sich in ihr schon jetzt das "Reich Christi" bzw. das "Himmelreich" (regnum caelorum). Wie die Kirche, so hat auch das Reich Christi eine gegenwärtige und eine zukünftige Dimension. In seiner

37 Die allegorische Deutung der Paradiesesgeschichte, die für Augustin ein historisches Verständnis nicht ausschließt, ermöglicht die Feststellung civ. XIII, 21: paradisum scilicet ipsam ecclesiam ..." - "Danach wäre das Paradies die Kirche selbst." Civ. XI, 1 beginnt die Erörterung "de duarum civitatum, terrenae scilicet caelestis, quas *in hoc interim saeculo perplexas quodam modo diximus invicemque permixtas*, exortu" - "über den Ursprung der beiden Staaten, des irdischen und des himmlischen, die in diesem Weltlauf, wie gesagt, einstweilen gewissermaßen ineinander verwirrt und vermengt sind" - Das gleiche gilt für die geschichtliche Dimension der Kirche einerseits und die endzeitliche Dimension andererseits XX, 9: "Ac per hoc ubi utrumque genus (sc. hominum) est, *ecclesia* est, *qualis nunc est*; ubi autem illud solum erit, *ecclesia* est, *qualis tunc erit. Ergo et nunc ecclesia regnum Christi est regnumque caelorum."* - "So ist das, wo sich beide Arten von Menschen befinden, die Kirche wie sie jetzt ist; wo sich aber nur die eine Art befinden wird, die Kirche, wie sie dann sein wird, wenn kein Böser mehr in ihr ist. Also ist auch jetzt die Kirche Reich Christi und Himmelreich."

38 Civ. XI, 31: Sancti vero *angeli quorum societati et congregationi in hac peregrinatione laboriosissima suspiramus*, sicut habent permanendi aeternitatem, ita cognoscendi facilitatem et requiescendi felicitatem. Sine difficultate quippe nos adiuvant, quoniam spiritalibus motibus puris et liberis non laborant." - "Die heiligen Engel aber, deren Schar und Gemeinschaft wir uns mit heißem Verlangen zugesellen möchten in dieser unserer so mühseligen Pilgerschaft, sie besitzen schon mit der Ewigkeit des Beharrens auch die Leichtigkeit des Erkennens und die Seligkeit der Ruhe. Denn wenn sie uns beistehen, macht ihnen das keine Beschwer, da ihre rein geistigen und freien Bewegungen sie nicht ermüden."

Ibid. VIII, 25: "Cum vero sanamur, ut quales ipsi sunt simus: *fide illis interim propinquamus*, si ab illo nos fieri beatos, a quo et ipsi facti sunt, etiam ipsis faventibus credimus." - Wenn wir davon (nämlich von der irdischen Gesinnung in Unreinheit des Herzens) genesen, so daß wir sind wie sie (die Engel), dann stehen wir ihnen einstweilen durch den Glauben nahe und vertrauen darauf, von ihnen wohlwollend gefördert, die Seligkeit durch den (Gott) zu erlangen, der auch sie geschaffen hat."

irdisch-geschichtlichen Dimension ist das Reich Christi ein auf "kämpferische Auseinandersetzungen angewiesenes Reich" (regnum militiae), in dem gegen die bösen Leidenschaften in Verteidigung und Angriff gestritten wird, bis es sich in ein "volkommenes Reich des Friedens" (pacatissimum regnum) verwandeln wird[39].

Entsprechendes gilt von der "civitas Dei". Ihre irdisch-geschichtliche Situation "in dieser bösartigen Weltzeit" wird verglichen mit der Arche Noahs, die durch die Sintflut hindurch muß und hier kein Zuhause hat. Ihre überirdisch-eschatologische Dimension zeigt sich darin, daß sie nicht mehr den tödlichen Gefahren der irdischen Wanderung ausgesetzt ist, den Tod hinter sich hat und für immer in der himmlischen Welt ihre Heimat gefunden hat[40]. Wie diese verschiedenen Dimensionen der Bürgerschaft Gottes, sei es als Reich Christi oder als Leib Christi oder als Kirche, ihr Leben und

---

39 Das "Regnum militiae" ist für Augustin identisch mit dem sog. tausendjährigen Reich, das mit der ersten Ankunft Christi, der Fesselung des Teufels in seiner sieghaften Auferstehung, begonnen hat. S. dazu civ. XX, 9: "De hoc ergo *regnum militiae*, in quo adhuc cum hoste confligitur et aliquando repugnatur pugnantibus vitiis, aliquando cedentibus imperatur, donec veniatur ad illud *pacatissimum regnum*, ubi sine hoste regnabitur et de hac prima resurrectione, quae nunc est, liber iste sic loquitur." - "Von diesem auf Kriegsdienst angewiesenen Reiche, in dem man noch mit dem Feinde im Kampfe liegt und bald den andringenden Leidenschaften Widerstand leistet, bald den weichenden gebietet, bis man endlich zu jenem völlig befriedeten Reich der Zukunft gelangt, wo man ohne Bedrohung durch Feinde herrscht - davon und von der jetzt schon sich ereignenden Auferstehung im Glauben spricht das Buch der Offenbarung folgendermaßen."

40 Augustin räumt ein, daß andere kommen mögen, welche die Weissagungen der Hebräer, hier die Geschichte von Noah und der Sintflut (Gen 6,9 ff.), vielleicht besser auslegen können; er fährt dann fort (civ. XV, 26): "Dum tamen ea, quae dicuntur, ad hanc de qua loquimur *Dei civitatem in hoc saeculo maligno tamquam in diluvio peregrinantem* omnia referantur ..." - "wenn nur alles, was vorgebracht wird, sich auf den Gottesstaat bezieht, von dem wir reden, der in dieser schlimmen Weltzeit wie in der Sintflut dahintreibt ..." Von derselben civitas Dei wird später dann ganz anderes gesagt. Ibid. XI 28: "In hoc autem libro *de civitate Dei, quae non peregrinatur in huius vitae mortalitate, sed inmortalis semper in caelis est*, id est de sanctis angelis Deo cohaerentibus, qui nec fuerunt umquam nec futuri sunt desertores ... illo (Deo) adiuvante quod coepimus ut possumus explicemus." - "In diesem Buch dagegen will ich über den Gottesstaat, der nicht in der Sterblichkeit dieses Erdenlebens pilgert, sondern unsterblich immerdar im Himmel weilt, nämlich über die heiligen Engel, die Gott anhangen, niemals abtrünnig waren und es nie sein werden ... mit Gottes Hilfe und nach bestem Vermögen zu schreiben fortfahren."

Wesen haben und ineinander verflochten sind, wird besonders deutlich in den Beziehungen zwischen den Engeln und Seligen einerseits und der irdisch-geschichtlichen Gemeinschaft andererseits.

Auch die verstorbenen Gläubigen bleiben Glieder am Leibe Christi. Die Kirche "herrscht" schon jetzt in den Lebenden und den Toten, freilich "auf eine diesem Zwischenzeitalter angemessene Weise[41]." In der "oberen Stadt" (superna civitas) der Engel gilt der Wille Gottes als "einleuchtendes und unwandelbares Gesetz." Aus ihm wird dem auf Erden kämpfenden und leidenden Teil der civitas Dei "liebende Barmherzigkeit", "Fürsorge" und"Hilfe" zuteil. Er hat den Irdischen auch die heilige Schrift vermittelt, in der uns gesagt wird, wem allein wir zusammen mit den Engeln und Seligen als Opfer dargebracht werden sollen[42].

Von besonderer Bedeutung in unserem Zusammenhang ist der Hinweis, daß die Engel mit ihrer "überragenden Güte und Frömmigkeit" uns dazu helfen, das rechte Opfersein in uns zu verwirklichen: Wann immer wir ein sichtbares Opfer darbringen - es darf keinem anderen gelten als dem Gott, für den wir in unserer Person, in unserem Selbst, ein unsichtbares Opfer sein müssen. Es ist Jesus Christus, der als Priester uns zusammen mit den Engeln Gott als Opfer darbringt. So werden wir mit allen Hei-

---

41 Civ. XX, 9: "*Neque enim piorum animae mortuorum separantur ab ecclesia*, quae nunc etiam est *regnum Christi*. Alioquin nec ad altare Dei fieret eorum memoria in communicatione *corporis Christi*; ... Cur enim fiunt ista, nisi quia *fideles etiam defuncti membra sunt eius?* ... Regnat itaque cum Christo nunc primum ecclesia in vivis et mortuis." - "Denn die Seelen der verstorbenen Frommen sind nicht etwa von der Kirche getrennt, die schon jetzt das Reich Gottes bildet. Denn sonst würde ihrer nicht am Altar in der Gemeinschaft des Leibes Christi gedacht werden ... Warum sollte man das tun, wenn nicht darum, weil die Gläubigen auch nach ihrem Tode seine Glieder sind? ... Es herrscht also die Kirche mit Christus jetzt zum ersten Mal in Lebenden und Toten." (Es folgen Zit. aus NT: Apoc 20,4 u. 14,13; Röm 14,9) Dies geschieht freilich "in einer diesem Zwischenzeitalter angemessenen Weise" - "nunc modo quodam huic tempori congruo per totum hoc intervallum" (ibid)

42 Civ. X, 7: "cuius pars in nobis peregrinatur, pars in illis opitulatur. De illa quippe *superna civitate*, ubi Dei voluntas intelligibilis atque incommutabilis lex est, de illa superna quodam modo curia (geritur namque ibi cura de nobis) ad nos ministrata per angelos sancta illa scriptura descendit ..." - "Davon sind wir der eineTeil, der noch auf Erden pilgert, jene (sc. die Engel) der andere, der uns hilfreich beisteht. Denn aus der oberen Stadt, wo Gottes Wille das einleuchtende und unwandelbare Gesetz ist, aus jener oberen Ratsversammlung, wie man sie nennen kann - denn von dort soll uns Rat kommen - stieg zu uns hernieder durch den Dienst der Engel die Heilige Schrift ... " Vgl. X, 19 u. XI, 31.

ligen und Gläubigen den Engeln gleich sein. In der Gemeinschaft mit ihnen werden wir an dem höchsten Gott teilhaben[43]. In heutigen Vorstellungen und Begriffen könnte man sagen: Das gemeinsame Opfersein der Menschen und der den Menschen transzendierenden geistigen Mächte verhin-
dert jede Form der Verabsolutierung und Selbstvergötzung. Im gemeinsamen Opfersein kommt die Tatsache zum Ausdruck, daß Engel und Menschen zum geschöpflichen Sein gehören, das im Empfangen und Zurück-
bzw. Weitergeben sein Wesen hat. Hier finden individuelle und überindividuelle Geistesmächte (spiritus) ihre ihnen angemessene Aufgabe (offici-
um): Sie sind Gottes Diener und Boten, die nicht nur die unwandelbare
Wahrheit Gottes für sich genießen, sondern das, was sie vernommen haben, in die Sphäre des Sichtbaren und Sinnfälligen, d.h. in die Konkre-
tionen des irdischen Lebens, übertragen und hier auch wirksam werden
lassen[44].

Das Beispiel der bösen Engel, der Dämonen, zeigt, wohin der Hochmut
führt, der aus dem Geschöpfsein und Opfersein herausfällt, sich von Gott
abwendet, um in sich selbst das höchste Gut zu erblicken. Als "zu sich
selbst Gekehrte" ("ad se ipsum conversi", "inversi ad se ipsos") sind sie
einem defizienten Sein preisgegeben und gehen der Pein ewiger Verdammnis entgegen[45]. Das Schicksal der gefallenen Engelmächte erinnert uns
ebenso wie das Beispiel der guten Engel an die Diskrepanz zwischen dem,

43 Ibid. XII, 9: "Hoc bonum quibus commune est, habent et cum illo (sc. Deo) cui ad-
    haerent et inter se sanctam societatem et sunt una civitas Dei eademque vivum sacri-
    ficium eius, vivumque templum eius." - "Alle, die an diesem Gut (sc. Gott) in glei-
    cher Weise Anteil haben, bilden mit dem, dem sie anhangen, und miteinander eine
    heilige Gemeinschaft und sind der eine Gottesstaat und zugleich Gottes lebendiges
    Opfer und lebendiger Tempel." Vgl. XIII, 24; X, 19.31; XI, 12.13.
44 Ibid. X, 15: "quod apud illum sincerius audiunt, non corporis aure, sed mentis, mi-
    nistri eius et nuntii, qui eius veritate incommutabili perfruuntur inmortaliter beati;
    et quod faciendum modis ineffabilibus audiunt et usque in ista visibilia atque sensibi
    lia perducendum, incunctanter atque indifficulter efficiunt." - "In größerer Reinheit,
    nicht mit den Ohren des Leibes, sondern des Geistes, vernehmen es seine vor ihm
    stehenden Diener und Boten, die in ewiger Seligkeit seine unwandelbare Wahrheit ge-
    nießen, und was sie so in unbeschreiblicher Weise vernehmen und nach Gottes Wil-
    len tun und in den Bereich des Sichtbaren und Wahrnehmbaren überführen sollen,
    vollbringen sie ohne Zögern und ohne Schwierigkeit."
45 Vgl. dazu ibid. IX, 22, wo der Unterschied zwischen dem überlegenen Wissen (scien-
    tia) der Engel und dem der Dämonen auf eine solche Weise beschrieben wird, die zu
    einer für heutige Verhältnisse erleuchtenden Interpretation reizen könnte, was den
    Rahmen dieser Arbeit sprengen würde.

was nach göttlichem Willen sein soll, und dem, was das Erscheinungsbild dieser Welt prägt. Die guten Engel bewahren uns davor, angesichts der Inkongruenz zwischen Sollen und Sein zu resignieren. Sie geben uns zugleich die Kraft, die in der Tat aufopferungsvolle Arbeit auf uns zu nehmen, "uns ihnen anzunähern", "von ihnen wohlwollend gefördert", diese Wirklichkeit zum Besseren hin zu verändern[46].

Damit sind die positiven Funktionen umschrieben, welche den geistigen Mächten als "Dienern und Boten Gottes" übertragen sind. In der Tatsache, daß sie keine Opfer für sich beanspruchen, vielmehr selbst ihr Sein als Opfersein verstanden wissen wollen, zeigen sie die Grenze auf, die auch menschlichem Sein gesetzt ist. Sie führen uns zugleich die verhängnisvollen Folgen vor Augen, die sich aus der hochmütigen Überschreitung dieser Grenze ergeben. Sein wollen wie Gott führt zum Seinsverlust.

In dem Opfersein der Engel findet das, was wir bisher über den Opfergedanken bei Augustin kennengelernt haben, eine wichtige, ja notwendige Ergänzung. Wir sind in unserer irdisch-geschichtlichen Existenz nicht nur auf das verwiesen, was uns als Ursprung, Ziel, als Bestimmung und Vollendung kundgetan wird, sondern wir werden heute und hier von unsichtbaren Kräften überirdischer-übergeschichtlicher Geistesmächte umschlossen, die uns beispielhafte Leitbilder und hilfreiche Antriebskräfte vermitteln.

Diese Funktionen der Engel und der Seligen sind heutigem Denken durchaus nicht so fremd, wie es zunächst scheinen mag. Das bekannte Gedicht von Dietrich Bonhoeffer, das auch in Gottesdiensten gesungen wird, bewegt sich in ähnlichen Gedankengängen:
"Von guten Mächten treu und still umgeben,
behütet und getröstet wunderbar ... "
Schließlich sei hingewiesen auf die Bedeutung, die Karl Barth in seiner Kirchlichen Dogmatik zum Erstaunen seiner Zeitgenossen der Angelologie eingeräumt hat. Wir zitieren daraus nur das Folgende: "Die Engel haben im Zeugnis der heiligen Schrift eine originale Gestalt. In ihr gehören sie zum Gegenstand des christlichen Glaubens. In ihr sind sie keine Absurdität und auch keine bloße Kuriosität, die man dann nach Belieben umdeuten, leugnen oder durch Kuriositäten eigener Invention ersetzen könnte. In ihr erkannt eröffnen sie die Einsicht in eine Dimension des christlichen Glaubens, die diesem eigentlich nicht fehlen dürfte ... Und es ist gar nicht abzusehen, was es für die Christenheit und ihr Wort an die Welt bedeuten

---

46 S. Anm. 38.

könnte, wenn sie der eigentümlichen Realität dieser Sache ... wirklich im Glauben wieder gewahr werden dürfte[47]."

§ 6 Das singuläre Opfersein im Leben und Sterben Jesu Christi (sacrificium singulare)

Wir haben gesehen: Das Opfersein ist dem Menschen von der paradiesischen Urzeit her als Bestimmung mitgegeben. Es ist ihm für die Vollendung in der Endzeit verheißen. Und die Engel in ihrem Opfersein umgeben ihn mit liebender Fürsorge aus der himmlischen Welt.

Im Bereich der irdisch-geschichtlichen Wirklichkeit dagegen ist dieses Opfersein nur in *einer* Person verwirklicht: in Jesus Christus. Er allein ist der, in dem das Opfersein "ohne irgendwelche Sünde" geschichtlich in Erscheinung getreten ist[48]. Er ist ebenso der "homo praedestinatus" wie auch der "homo novus" der eschatologischen Vollendung. Er ist die "einzige Ausnahme" unter den Menschen, die alle nur das Ihre suchen und damit das Opfersein verleugnen. In ihm hat sich die ursprüngliche Bestimmung des Menschen erfüllt, und in ihm wird die endzeitliche Vollendung vorweggenommen. Er ist darum "das einzigartige Opfer" (sacrificium singulare).

Der Begriff "einzigartiges Opfer" bezeichnet des Herzstück der christologischen Aussagen Augustins. Dies wird besonders deutlich in einem Abschnitt aus dem großen Werk über den Gottesstaat, in dem das Heilsgeschehen in geradezu hymnischer Weise dargelegt wird. Augustin beschreibt hier zunächst die Wohltaten (beneficia), die Gott sowohl den Guten wie den Bösen reichlich und freigebig spendet und "für die wir nicht genug danken können":

"Daß wir da sind und leben,

daß wir Himmel und Erde schauen dürfen,

---

47 *Karl Barth*, KD III, 2, 439. An hilfreicher Lit. zum Thema "Engel" soll hier nur - in zufälliger Zusammensetzung - auf die Arbeiten von *Claus Westermann*, Gottes Engel brauchen keine Flügel, Berlin 1957, *Wladimir Lindenberg*, Gottes Boten unter uns, München, Basel 19743, und *Walter Nigg u. Karl Gröning*, Bleibt ihr Engel, bleibt bei mir, Frankfurt/Main, Berlin, Wien 1978, hingewiesen werden.

48 Civ. XX, 26: "excepto uno mediatore", "qualis solus inventus est Christus, sine ullo ... peccato."

daß wir Verstand und Vernunft besitzen,
womit wir den suchen sollen,
der dies alles geschaffen hat[49]."

Im Anschluß daran kommt Augustin zu der besonderen Wohltat, die Gott "als großen Erweis seiner großen Liebe" den Guten, d.h. den Christgläubigen zuwendet, und fährt fort:

"Welche Herzen, wieviele Zungen reichen wohl hin,
ihm Dank zu sagen dafür,
daß er uns nicht ganz und gar verlassen hat,
uns, die wir, mit Sünden beladen und bedeckt,
uns vom Schauen des Lichtes abgewandt haben
und von der Liebe zu finsterer Bosheit geblendet waren;
daß er uns vielmehr sein Wort gesandt hat,
nämlich seinen eingeborenen Sohn,
der für uns Fleisch angenommen hat und geboren ward,
der für uns gelitten hat,
damit wir erkennen, wieviel Gott an dem Menschen gelegen ist,
damit wir durch jenes *einzigartige Opfer*
von allen Sünden gereinigt würden,
damit sich durch seinen Geist
in unsere Herzen die Liebe ergieße,
und wir so, alle Schwierigkeiten überwindend,
zur ewigen Ruhe und zur unaussprechlichen Süßigkeit
seiner Anschauung gelangen[50]."

Das Heilsgeschehen in Christus ist hier eingebettet in das Handeln des dreieinigen Gottes. Er ist es, der als Schöpfer die von ihm trotz des Sündenfalles geliebte Schöpfung nicht losläßt, sondern das Werk der Erlösung durch das "einzigartige Opfer" seines Sohnes Jesus Christus in Gang setzt

49 ibid. VII, 31: "Quamquam enim, quod sumus, quod vivimus, quod caelum terramque conspicimus, quod habemus mentem atque rationem, qua eum ipsum, qui haec omnia condidit, inquiramus, nequaquam valeamus actioni sufficere gratiarum..."

50 ibid. VII, 31: "tamen quod nos oneratos obrutosque peccatis et a contemplatione suae lucis aversos ac tenebrarum, id est iniquitatis, dilectione caecatos non omnino deseruit misitque nobis Verbum suum, qui est eius unicus filius, quo pro nobis adsumpta carne nato atque passo, quanti Deus hominem penderet, nosceremus atque illo *sacrificio singulari* a peccatis omnibus mundaremur eiusque spiritu in cordibus nostris dilectione diffusa omnibus difficultatibus superatis in aeternam requiem et contemplationis eius ineffabilem dulcedinem veniremus, quae corda, quot linguae ad agendas ei gratias satis esse contenderint?"

und durch das Wirken des heiligen Geistes der Vollendung im ewigen Leben entgegenführt.

Wenn dieses Werk der Erlösung durch das "einzigartige Opfer" Jesu Christi bewirkt wird, dann ist damit zum Ausdruck gebracht, daß dieses Opfersein über das hinausgeht, was wir als das Opfersein im Paradies, in der Vollendung und in der himmlischen Welt kennengelernt haben. Dieses besondere Opfersein Christi "reinigt uns von allen Sünden", d.h. es beseitigt all das, was uns von Gott trennt. Es ist Opfersein für uns sündige Menschen. Zur Kennzeichnung dieses Opferseins "für uns" ist zunächst festzustellen: Es beschränkt sich nicht auf das Geschehen am Kreuz, sondern gilt bereits für die Inkarnation[51]. Menschwerdung, Leben und Sterben Jesu Christi werden von dem singulären Opfersein für uns umschlossen. Sie bilden als Ganzes das "Sakrament der Erlösung Christi". Christus ist also das eigentliche Sakrament, von dem alle anderen Sakramente ihre Kraft und ihren Sinn erhalten[52]. Er hat das Opfersein als Entgegennahme

51 Ibid. X, 29: "sed incarnationem incommutabilis Filii Dei, qua salvamur..." - "aber die Fleischwerdung des unwandelbaren Gottessohnes, durch die wir erlöst werden ..." ibid. X, 24: "cuius incarnatione purgamur." - "Durch seine Inkarnation werden wir gereinigt." Zur Heilsbedeutung von Tod und Auferstehung Christi vgl. trin. IV, 3: "Una mors et resurrectio corporis Christi, duplici nostrae morti ac resurrectioni corporis et animae concinit ad salutem ... Mors autem animae impietas est; et mors corporis, corruptibilitas, per quam fit et animae a corpore abscessus ... resuscitatur enim anima per poenitentiam, et in corpore adhuc mortali renovatio vitae inchoatur a fide, qua creditur in eum qui iustificat impium (Röm 4,5), bonisque moribus augetur et roboratur de die in diem, cum magis magisque renovatur interior homo (II Kor 4,16)" - "Der eineTod Christi hat unseren doppelten Tod überwunden und die eine Auferstehung Christi hat unsere zweifache Auferstehung bewirkt ... Der Tod der Seele aber ist die Gottlosigkeit; und der Tod des Leibes ist die Anfälligkeit, welche bewirkt, daß die Seele dem Körper entweicht ... Die Auferstehung der Seele geschieht durch die Buße, und in dem bisher sterblichen Leib beginnt die Erneuerung des Lebens vom Glauben her, der dem zugewandt ist, welcher den Gottlosen rechtfertigt (Röm 4,5). Diese (Erneuerung des Lebens) wird durch gute Verhaltensweisen (Sitten) gefördert und von Tag zu Tag gestärkt, indem zugleich der innere Mensch immer mehr erneuert wird. (II Kor 4,16)

52 Das Geheimnis der Erlösung ("sacramentum redemptionis" - "mysterium vitae aeternae") liegt für Augustin in dem, was in Christus für die Gläubigen geschehen ist. S. civ. VII, 32: ... quae Deo debetur et graece proprie latreia dicitur - ea significata et praenuntiata sunt, quae propter aeternam vitam fidelium in Christo et impleta credimus et impleri cernimus et implenda confidimus." - "Was um des ewigen Lebens der Gläubigen willen in Christus erfüllt worden ist, was, wie wir sehen, in ihm heute

des Lebens von Gott und als Hingabe an Gott und die Mitmenschen nicht nur durchgehalten und bewahrt, sondern auch unsere "Reinigung" und "Erlösung", unsere Überwindung des Todes und unsere Auferstehung bewirkt. Dieses Werk der Erlösung wird von Augustin immer wieder mit neuen, meist von biblischen Texten vorgegebenen Begriffen umschrieben. In der Vielfalt verschiedener Erlösungskonzeptionen spielt der Opferbegriff die entscheidende und zentrale Rolle.

Die Besonderheit des Opferseins Christi zeigt sich auch darin, daß es alle Elemente, die mit dem Opfergedanken verbunden sind, in sich vereinigt. Dies kommt in prägnanter Weise zum Ausdruck in einem Abschnitt aus dem bedeutsamen Werk, das Augustin über die Dreieinigkeit geschrieben hat. Hier heißt es:

"Demgemäß sind also bei jedem Opfer vier Aspekte zu berücksichtigen: *Wem* geopfert wird (2), *von wem* geopfert wird (1), *was* geopfert wird (4), *für wen* geopfert wird. (3)
(1) *Er*, Jesus Christus, ist ein und derselbe wahre Mittler, der uns *durch das Opfer des Friedens mit Gott* versöhnte;
(2) dabei blieb er *in der Einheit mit dem, welchem* er opferte;
(3) er schuf in sich die Einheit derer, *für welche* er opferte;
(4) er selbst war der eine, welcher opferte, und er war zugleich das, *was* er opferte[53]."

Die Analyse dieses Textes wird durch eine Fülle von Aussagen aus anderen Schriften Augustins bestätigt. Die Umstellung in der Reihenfolge der vier Aspekte entspricht der rhetorischen Figur eines doppelten Chiasmus, ist aber auch sachlich gerechtfertigt. Wir werden den dritten Aspekt zu-

dabei ist, sich zu erfüllen, und was, wie wir zuversichtlich erwarten, sich in ihm noch erfüllen wird" - das alles ist im gottesdienstlichen Leben des alten Gottesvolkes zeichenhaft dargestellt (per quaedam signa et sacramenta temporibus congrua) und im voraus angezeigt worden (durch Engel und Propheten). - Hier wird zwischen Christus und der Kirche unterschieden, aber es wird nicht getrennt. Die Frage, ob allein Christus oder auch die Kirche als Sakrament zu verstehen sei, erweist sich im Rahmen der Corpus-Christi-Theologie als ein Scheinproblem. Dies zu den scharfsinnigen Erörterungen von *Eberhard Jüngel*, Die Kirche als Sakrament? ZThK 80 (1983) 432.

53 Trin. IV, 14: "ut quoniam quattuor considerantur in omni sacrificio: *cui* offeratur, *a quo* offeratur, *quid* offeratur, *pro quibus* offeratur; idem ipse unus verusque mediator, per sacrificium pacis reconcilians nos Deo, unum cum illo maneret cui offerebat, unum in se faceret pro quibus offerebat, unus ipse esset qui offerebat, et quod offerebat."

nächst ausklammern, da er auf die Kirche hinzielt, die in unserem Zusammenhang der Erörterung in einem besonderen Abschnitt bedarf.

(1) Jesus Christus als der, der opfert, bzw. der, von dem geopfert wird.

Er ist in dem Werk der Erlösung Subjekt des Opfergeschehens. Als der wahre Mittler zwischen Gott und Mensch hat er durch sein Friedensopfer uns mit Gott versöhnt. Notwendig war ein solcher Mittler wegen der menschlichen Sünde. Wenn es dann heißt, daß dieser "Mittler, d.h. Versöhner" "durch die Darbringung eines einzigartigen Opfers den Zorn Gottes versöhnte", dann kann dies nach Augustin nicht bedeuten, daß bei Gott eine "Gemütserregung" (perturbatio), wie sie sich im Innern eines zürnenden Menschen vollzieht, beschwichtigt werden müßte[54]. Es geht vielmehr

---

54 Enchir. 33: "In hac ira cum essent homines per originale peccatum, tanto gravius et perniciosius, quanto maiora vel plura insuper addiderant, necessarius erat mediator, hoc est reconciliator, qui hanc iram *sacrificii singularis ... oblatione* placaret." - "Da die Menschen infolge der Erbsünde in diesem Zorn lebten - um so schwerwiegender und gefährlicher für sie, je mehr und je schlimmere Vergehen sie selbst hinzugefügt hatten -, so war ein Mittler notwendig, d.h. ein Versöhner, der durch die Darbringung eines einzigartigen Opfers die Auswirkungen dieses Zornes beseitigte." Diese Übers. von "iram placare" wird durch die nachfolgenden Äußerungen bestätigt: "Cum autem Deus irasci dicitur, non eius significatur perturbatio, qualis est in animo irascentis hominis; sed ex humanis motibus translato vocabulo *vindicta* eius, quae nonnisi iusta est, irae nomen accepit. Quod ergo per mediatorem *reconciliamur Deo* et accipimus spiritum sanctum, ut ex inimicis *efficiamur* filii: (Röm 8,14)" - "Wenn aber gesagt wird, daß Gott zürne, so wird damit nicht eine Gemütserregung bezeichnet, wie sie im Inneren eines zürnenden Menschen entsteht; sondern von menschlichen Gemütsbewegungen wird das Wort übertragen auf die *befreiende Strafe*, die ganz gewiß gerecht ist und hier den Namen Zorn erhält. Darin also, daß *wir* durch den Mittler *mit Gott versöhnt werden* und den Heiligen Geist empfangen, so daß wir aus Feinden Söhne werden." Das lat. Wort "vindicta" bezeichnet den "Freilassungsstab", mit dem der Prätor den freizulassenden Sklaven berührt. Daraus ergibt sich dann die Bedeutung: "Befreiungsschlag", die wir unserer Übers. zugrunde legen. Vgl. auch Civ. IX, 5: "... sicut ipse Deus secundum scripturas irascitur, nec tamen ulla passione turbatur: hoc enim verbum *vindictae* usurpavit *effectus, non* illius turbulentus *affectus*." - "...wie ja auch Gott nach der Schrift zürnt, ohne jedoch durch Leidenschaft verwirrt zu werden. Denn nicht ein aufgeregtes Gefühl Gottes (affectus), sondern die Wirkung (effectus) der auf Befreiung hinzielenden Bestrafung (vindicta) findet in diesem Wort (Zorn) ihren Ausdruck." Die gleiche Tendenz findet sich ibid. XVII, 7: "Ubi enim legitur, quod paenitet eum (sc. Deum) *mutatio rerum* significatur, inmutabili praescientia manente divina." - "Denn wenn man liest, es

darum, daß sich auf seiten des Menschen etwas ändert. Die Rede vom Zorn Gottes (Röm 5,9) meint eigentlich, daß die Menschen "vindicta", d.h. zugleich gerechte Strafe und wirksame Befreiung erfahren. In diesem Sinne ist das Opfer Christi stellvertretendes Sühneopfer, d.h. ein Opfer für die Sünden der Menschen. In Christus kämpft Gott in sich selbst aufopfernder Liebe um den von der Sünde geknechteten Menschen, um ihn zu befreien. In diesem Sinne leidet der Sündlose stellvertretend für die Sünder. In der Einheit mit Gott bleibend, wird er einer von uns (ex nobis), um als der Sündlose nach II Kor 5,21 für uns (pro nobis) zur Sünde, d.h. zum Sündopfer zu werden und den Tod am Kreuz auf sich zu nehmen[55]. Auf Grund dieses Opfers wird den Menschen Vergebung der Sünden zuteil, "durch welche die Kirche, die auf Erden ist, ihren Bestand hat[56]." Sowenig das Opfersein Christi sich auf den Kreuzestod beschränkt, erfährt es doch hier seine letzte Erfüllung und Bestätigung. Hier kommt die menschliche Sünde und Erlösungsbedürftigkeit am deutlichsten zur Darstellung und wird zugleich am augenfälligsten überwunden[57]. Im umfassenden Sinne bleibt das Opfersein Christi das Sein in der Hingabe, das er als einer von uns, unserer sündhaften Rebellion zum Trotz und den Bann der Sünde brechend, im Leben und Sterben bewährt und damit für uns neu ermöglicht.

---

reue ihn (sc. Gott) etwas, ist eine *Änderung der Verhältnisse* gemeint bei unwandelbar beharrendem göttlichem Vorherwissen."

55 Enchir. 41: "ideo nullum peccatum et ipse committens, tamen propter similitudinem carnis peccati, in qua venerat, dictus est ipse peccatum, sacrificandus ad diluenda peccata. In veteri quippe lege peccata vocabantur sacrificia pro peccatis." - "Daher war er ohne jede persönliche Sünde; aber wegen der Ähnlichkeit mit dem sündigen Fleisch (Röm 8,3), in dem er erschien, wurde er selbst Sünde genannt (Vgl. II Kor 5,21), er, der ein Opfer zur Tilgung der Sünden werden sollte. Im Alten Bunde nannte man nämlich Sünden auch die Opfer für die Sünden."

56 Ibid. 64: "... remissio peccatorum. Per hanc enim stat ecclesia, quae in terris est."

57 Ibid. 52: "ut intelligamus nihil aliud esse in Christo baptismum nisi mortis Christi similitudinem; nihil autem aliud mortem Christi crucifixi, nisi remissionis peccati similitudinem, ut, quemadmodum in illo vera mors facta est, sic in nobis vera remissio peccatorum, quemadmodum in illo vera resurrectio, ita in nobis vera iustificatio." - "Wir sollten verstehen lernen, daß die Taufe in Christus nichts anderes ist als das Abbild des Todes Christi (Vgl. Röm 6,3). Auch der Tod des gekreuzigten Christus ist ja das Bild der Sündenvergebung. Wie bei ihm der Tod wirklich eingetreten war, so vollzieht sich bei uns die wirkliche Sündenvergebung, wie bei ihm die wirkliche Auferstehung, so bei uns die wirkliche Rechtfertigung." Vgl. ibid. 53.

Es ist also nicht das Ziel des Versöhnungsopfers, Gott gnädig zu machen, so daß Gott als sein Objekt zu denken wäre. Versöhnung setzt die Gnade Gottes voraus, die durch Jesus Christus für uns wirksam wird. Nicht Gott ist zu versöhnen, sondern "wir sind mit Gott zu Versöhnende[58]".

Das einzigartige Opfer Christi ist demnach ein Akt der Stellvertretung für die Menschen vor Gott, in dem Gericht und Gnade zugleich offenbar werden. Er befreit die Menschen von der Macht der Sünde und der ewigen Verdammnis und bindet sie so an Gott, daß sie, erfüllt von seinem Geiste, aus Feinden zu Söhnen Gottes werden[59].

Die weltumspannende Bedeutung des "singulären Opfers Christi" wird darin sichtbar, daß Jesus Christus dadurch "das Reich der Himmel mit dem auf Erden und das Reich der Erde mit dem der Himmel in Frieden geeint hat[60]." Dabei macht Augustin deutlich, daß nicht die himmlische Welt befriedet werden muß, "denn dort herrscht immer Friede, sowohl aller geistbegabten Geschöpfe unter sich als auch mit ihrem Schöpfer[61]." So hat Christus nicht nur die Brücke geschlagen zwischen ursprünglicher Bestimmung und letzter Vollendung des Menschen, sondern ist auch in den Riß zwischen Gott und Mensch getreten und hat damit zwischen der himmlischen Welt und der iridschen Welt Frieden gestiftet.

(2) Jesus Christus bleibt als der Opfernde in der Einheit mit dem, welchem er opfert.

---

58 Ibid. 41: "Deus, cui *reconciliandi sumus* ..." - "Gott, dem wir versöhnt werden sollen." S. ibid. 108 u.ö. Vgl. Anm. 54

59 Ibid. 51: "neminem nisi in Christo renatum a damnatione *liberari*." - "daß nur der in Christus Wiedergeborene aus der Verdammnis befreit wird." Ibid. 106: "ipsum *arbitrium liberandum est* a servitute ... nec omnino per ipsum, sed per solam Dei gratiam, quae in fide Christi posita est, liberatur." - "Und der Wille wird durchaus nicht durch sich selbst, sondern allein durch die Gnade Gottes, die mit dem Glauben gegeben ist, befreit." S. auch ibid. 33; 92; 94; 108.

60 Ibid. 62: "per illud *singulare sacrificium*, in quo mediator est immolatus ... pacificantur caelestia cum terrestribus et terrestria cum caelestibus." - "Durch dieses einzigartige Opfer, bei dem der Mittler geopfert wurde, wird das Reich der Himmel mit dem auf Erden und das Reich auf Erden mit dem der Himmel im Frieden geeint."

61 Ibid. 63: "Quomodo enim pacificantur caelestia, nisi pro nobis, id est, concordando nobiscum? Nam ibi semper est pax, et inter se universis intellectualibus creaturis, et cum suo creatore." - "Wie kann das himmlische Reich im Frieden gegründet werden, es sei denn für uns, d.h. indem es die Einigkeit mit uns herstellt? Denn dort herrscht immer Friede, sowohl aller geistbegabten Geschöpfe unter sich als auch mit ihrem Schöpfer."

Als der, der opfert, steht er zugleich auf der Seite dessen, dem geopfert wird, auf der Seite Gottes. Nur in dieser Einheit mit Gott konnte sein Versöhnungswerk wirksam werden. Dieses Mittlersein wird von Augustin ganz im Sinne der Zweinaturenlehre in einem Abschnitt des Enchiridion beschrieben: "Selbst durch den einen Mittler zwischen Gott und den Menschen, den Menschen Jesus Christus, wären wir nicht befreit worden, wenn er nicht zugleich Gott wäre. Damals als Adam geschaffen wurde, der ein rechter Mensch war, bedurfte es keines Mittlers. Nachdem aber die Sünden das Menschengeschlecht weit von Gott getrennt hatten, mußten wir durch einen Mittler, der als einziger ohne Sünden geboren wurde, lebte und getötet wurde, mit Gott versöhnt werden. Diese Versöhnung mußte sich bis zur Auferstehung des Fleisches in das ewige Leben hinein erstrekken. So mußte menschlicher Hochmut durch die Demut Gottes beschämt und geheilt werden. Es mußte dem Menschen dadurch, daß er durch den Fleisch gewordenen Gott zurückgerufen wurde, gezeigt werden, wie weit er von Gott abgewichen war. Dem widerspenstigen Menschen mußte durch den Gottmenschen ein Beispiel des Gehorsams gegeben werden. Indem der eingeborene Sohn Knechtsgestalt annahm, welche vorher ohne jedes Verdienst war, öffnete sich eine Quelle der Gnade. Und die den Erlösten verheißene Auferstehung des Fleisches sollte an dem Erlöser selbst gezeigt werden. Der Teufel sollte durch dieselbe Natur, über deren Verführung er sich freute, besiegt werden[62]." Diese Darlegungen, die keiner Interpretation bedürfen, bilden insgesamt "das große Sakrament des Mittlers", das als "Opfer des Mittlers" in der Kirche dargebracht wird[63].

(4) Jesus Christus ist zugleich auch der, der geopfert wird.

Er ist zugleich der opfernde Priester und das Opferlamm, an dem er das

---

[62] Ibid. 108: "Nam neque per ipsum liberaremur unum mediatorem Dei et hominum hominem Jesum Christum, nisi esset et Deus. Sed cum factus est Adam, homo scilicet rectus, mediatore non opus erat. Cum vero genus humanum peccata longe separaverunt a Deo, per mediatorem, qui solus sine peccato natus est, vixit, occisus est, reconciliari nos oportebat Deo usque ad carnis resurrectionem in vitam aeternam, ut humana superbia per humilitatem Dei argueretur et sanaretur, et demonstraretur homini, quam longe a Deo recesserat, cum per incarnatumDeum revocaretur, et exemplum oboedientiae per hominem Deum contumaci homini praeberetur, et unigenito suscipiente formam servi, quae nihil ante meruerat, fons gratiae panderetur, et carnis etiam resurrectio redemptis promissa in ipso redemptore praemonstraretur, et per eandem naturam, quam decepisse laetabatur, diabolus vinceretur."

[63] Ibid. 108: "mediatoris sacramentum" - "Sakrament des Mittlers." ibid. 110: "sacrificium mediatoris." - "Opfer des Mittlers."

Opfer vollzieht. Er opfert nicht fremdes Leben, sondern sein eigenes. Mitten im Geopfertwerden bleibt er der Opfernde. Das Opfer, das er als Priester vollzieht und darbringt, ist das Opfer seines Leibes und seines Blutes. Neben dem allgemeinen Begriff für Opfer (sacrificium) werden von Augustin auch alle anderen in der Tradition vorgegebenen Begriffe benutzt[64]. Doch auch mitten in dem Geschehen, das ihn zum blutigen Objekt (holocaustum) der rebellischen Verneinung seines "Für-uns-da-Seins" macht, bleibt er das Subjekt seiner liebenden Hingabe. Das sündhafte "Nein" besiegt er mit seinem unüberwindlichen "Ja": So ist er "victor et victima", Sieger und Opferlamm in einer Person. Ja, er siegt, indem er sich opfert, d.h. indem er im Leben und Sterben das bleibt, was er der göttlichen Bestimmung gemäß ist und auch in der endzeitlichen Vollendung bleiben wird, auch mitten in der irdisch-geschichtlichen Wirklichkeit dieser von Gott abgefallenen Welt. Dieses "einzigartige Opfer" macht Jesus Christus zum "Mittler", zum "Versöhner", zum "Befreier", zum "Friedensstifter", zum "Erlöser", dessen Heilswerk von der Inkarnation bis in die ewige Verklärung hineinreicht. Die Ereignisse des Christusgeschehens finden ebenso wie seine Reden ihre Entsprechung in dem Leben der Christen: "Alles, was am Kreuze Christi, bei seiner Grablegung, bei der Auferstehung von den Toten am dritten Tage, bei der Himmelfahrt, beim Sitzen zur

---

64 Civ. X, 20: "Unde verus ille mediator, inquantum formam servi accipiens mediator effectus est Dei et hominum, homo Christus Jesus cum in forma Dei sacrificium cum patre sumat, cum quo et unus Deus est, tamen in forma servi sacrificium maluit esse quam sumere ... per hoc et *sacerdos* est, *ipse offerens, ipse et oblatio*." - "Darum wollte der wahre Mittler, der in seiner Knechtsgestalt Mittler zwischen Gott und Menschen ward, der Mensch Jesus Christus, der in seiner göttlichen Gestalt zugleich mit dem Vater das Opfer entgegennimmt, da er zusammen mit ihm der eine Gott ist, er wollte doch in seiner Knechtsgestalt lieber Opfer sein als Opfer empfangen ... Darum ist er auch Priester und zwar Opferer und Opfer zugleich." S. En. in ps. 149,6: *seipsum obtulit* mundam *victimam. Felix victima, vera victima, hostia immaculata.*" - "Sich selbst brachte er als reines Opferlamm dar. Als seliges, wahres, unbeflecktes Opfer." Div. quaest. 61,2: "mundatio peccatorum, quam Dominus *oblatione holocausti sui ... implevit.*" -"Die Reinigung von Sünden, die der Herr dadurch vollbracht hat, daß er sich selbst als Brandopfer darbrachte." Diese streng auf Christus bezogene Einheit von Subjekt und Objekt im Opfergeschehen wird von der Schriftstellerin Ina Seidel ins Allgemeine gewendet. Aus ihrem Roman "Das Labyrinth", den ich während des Krieges gelesen habe, ist mir folgende Stelle in Erinnerung: "Wenn wir Geopferten werden zu Opfernden, so haben wir heimgefunden ins Herz der Dinge und Gottes. Das Labyrinth versinkt, und wir sind frei." Ina Seidel, Das Labyrinth, Neuausgabe, Stuttgart 1965, 476.

Rechten des Vaters geschehen ist, das ist so geschehen, daß durch seine geheimnisvollen Taten nicht minder wie durch seine geheimnisvollen Reden die Gestalt des christlichen Lebens abgebildet wird[65]." Was im Opfer Jesu Christi außerhalb unserer menschlichen Existenz (extra nos) zur rettenden Erlösung für uns (pro nobis) geschehen ist, wird in unserer neuen Existenz (in nobis) wirksam. Daraus ergibt sich die Mahnung, "für dieses einzigartige und allein wahre Opfer Jesu Christi Gott Dank zu sagen", wie es bei der Feier der Eucharistie immer wieder geschieht[66]. Freilich, diese neue Existenzweise, die mit dem Glauben an Jesus Christus gegeben ist und die in Gott ihren Grund hat, verwirklicht sich "in den Wechselfällen der irdischen Pilgrimschaft" auf eine solche Weise, daß mit der "täglichen Bitte um Sündenvergebung" die ständige Bemühung "um eine Veränderung des Lebens zum Besseren hin " verbunden ist[67]. Der Ort, an dem dies geschieht, ist die Gemeinschaft von Menschen, in der das Opfer Christi immer neu wirksam wird: die Kirche. Dieser dritte Aspekt des Opferbegriffes soll im nächsten Abschnitt einer besonderen Erörterung unterzogen werden.

---

65 Enchir. 53: "Quidquid igitur gestum est in cruce Christi, in sepultura, in resurrectione tertio die, in ascensione in caelum, in sede ad dexteram patris, ita gestum est, ut his rebus non mystice tantum dictis, sed etiam gestis configuraretur vita christiana, quae hic geritur." Es folgen Hinweise auf Gal 5,24 u. Röm 6,4.

66 Spir. et litt. XI, 18: "Unde et in ipso verissimo et singulari sacrificio Domino Deo nostro agere gratias admonemur."

67 Civ. XII, 9: "nunc mutabiliter peregrinatur in terris". ibid. XXI, 27: "Oratio vero cotidiana, quam docuit ipse Jesus, unde et dominica nominatur, delet quidem cotidiana peccata, cum cotidie dicitur: Dimitte nobis debita nostra, atque id, quod sequitur, non solum dicitur, sed etiam fit: sicut et nos dimittimus debitoribus nostris..." - "Das tägliche Gebet jedoch, das Jesus selber lehrte und das deswegen auch Gebet des Herrn heißt, tilgt zwar die täglichen Sünden, wenn man täglich spricht: Vergib uns unsere Schulden, und wenn man das, was folgt: wie auch wir unseren Schuldigern vergeben, nicht bloß sagt, sondern auch tut ..." Enchir. 70: "In melius est quippe vita mutanda ..." - "Das Leben muß fortschreitende Besserung zeigen."

§ 7 Das universale Opfersein der Kirche in den sakramentalen Christusbegegnungen (sacrificium universale)

Den dritten Aspekt in der augustinischen Definition des Opferbegriffes haben wir bisher ausgespart: "Er schuf in sich die Einheit derer, für welche er opferte[68]." Diese Aussage zielt auf das "universale Opfersein der Kirche" und bedarf um so mehr einer besonders eingehenden Behandlung, als dieser Aspekt des "pro nobis" dem heutigen christlichen Bewußtsein weitgehend fremd geworden ist. Für Augustin schließt jedoch dieses "Einswerden in Christus" alle anderen Aussagen über sein Erlösungswerk in sich ein. Einswerden ist für ihn identisch mit heilwerden. Bei allem, was sonst über das Erlösungswerk Christi gesagt wird, handelt es sich um Teilaspekte dieser einen, alles umfassenden Zielvorstellung: "Einswerden mit Christus". Dies aber hat zur Voraussetzung das Einssein Christi mit Gott. Wenn Christus nun Menschen in diese seine Gemeinschaft mit Gott hineinnimmt, dann werden auch sie untereinander zur Gemeinschaft befähigt, sie werden eine "Einheit in Christus." Das Einssein in Christus umschließt also beides: die Gemeinschaft der Menschen mit Gott und die Gemeinschaft der Menschen untereinander. Freilich ist das Einssein Christi mit Gott sehr wohl zu unterscheiden von der Gemeinschaft mit Gott, die den geschöpflichen Wesen, einschließlich der Engel, zukommt. Was ihnen zukünftig verheißen ist in der Gemeinschaft der Engel, wird nicht als das nur Christus zukommende wesenhafte (natura) Einssein mit Gott bezeichnet, sondern als "Teilhabe an dem allerhöchsten Gott" (participatio). Diese in Participation begründete Gottesgemeinschaft wird von Augustin im Anschluß an Ps. 73,28 als "Gott anhangen" bezeichnet. Sie ist "das höchste Gut", das uns durch Jesus Christus vermittelt wird[69]. Dem entspricht "unser Glaube, daß Jesus Christus am dritten Tage auferstanden ist von den Toten, daß er als der Erstgeborene die ihm nachfolgenden Brüder in die

---

[68] S. § 6 Anm. 53: "unum in se faceret pro quibus offerebat."

[69] Von dem, der auf Grund der Offenbarung eine gewisse Hoffnung hat, gilt Civ. XI, 12: "sine fine se habiturum omni molestia carentem societatem angelorum in participatione summi Dei." - "daß er einst immerdar ohne alle Beschwer in Gemeinschaft der Engel am höchsten Gott Anteil haben wird." Augustin unterscheidet sehr streng, Civ. XXII, 30: "Aliud est enim esse Deum aliud participem Dei." - "Denn zweierlei ists, Gott sein und teilhaben an Gott." Die seligmachende Teilhabe an Gott wird immer wieder als "Deo adhaerere" - "Gott anhangen" beschrieben, s. etwa ibid. X,6.

Adoption der Söhne Gottes berufen und sie gewürdigt hat, seine Teilnehmer und Miterben zu sein[70]."

Diese Gottesgemeinschaft verwirklicht sich dadurch, daß die Kirche in das Opfersein Christi hineingenommen wird. Wie dies geschieht, zeigt ein Abschnitt aus "De civitate Dei", der für die Weiterführung unseres Gedankenganges von grundlegender Bedeutung ist:

"So ergibt sich in der Tat,

daß die ganze erlöste Bürgerschaft,

nämlich die Versammlung und Gemeinschaft der Heiligen,

als ein *allumfassendes Opfer* Gott dargebracht wird

durch den Hohenpriester,

der auch sich selbst geopfert hat

in seinem Leiden für uns

damit wir der Leib eines so erhabenen Hauptes seien[71]."

Die "ganze erlöste Bürgerschaft, die Vereinigung und Gemeinschaft der Heiligen" meint die Kirche, wie wir bereits gezeigt haben. Nun heißt es hier, daß diese Gemeinschaft, also die Kirche, als "universales Opfer" von Jesus Christus, dem Hohenpriester, Gott dargebracht wird. Bevor wir darauf näher eingehen, stellen wir noch einmal fest, was wir im vorigen Paragraphen entfaltet haben und was hier in einem Nebensatz mit anderen Worten wiederholt wird: Der Hohepriester, der die Kirche Gott als universales Opfer darbringt, ist derselbe, der zunächst sich selbst als singuläres Opfer dargebracht hat. Hieß es oben: "Christus schuf in sich die Einheit derer, für welche er opferte", so wird dies hier konkretisiert: Die Darbringung des singulären Opfers Christi geschieht mit dem Ziel, "damit wir der Leib eines so erhabenen Hauptes seien." Die Einheit derer, für welche Christus sich selbst als singuläres Opfer darbrachte, verwirklicht sich nicht anders als in der Gemeinschaft des Leibes, der Christus zum Haupte hat: in der Kirche. So erwächst aus dem singulären Opfer Christi das universale, allumfassende Opfer der Kirche, das von ihm Gott dargebracht wird.

Christus nimmt die Kirche als universales Opfer in sein singuläres Opfer hinein. Die Bestätigung für den biblischen Gehalt dieses Gedankengan-

---

70 Fid. et symb. V, 12: "Credimus etiam illum tertio die resurrexisse a mortuis, primogenitum consecuturis fratribus, quos in adoptionem filiorum Dei vocavit, quos conparticipes et coheredes suos esse dignatus est."

71 Civ. X, 6: "profecto efficitur, ut tota ipsa redempta civitas, hoc est congregatio societasque sanctorum, *universale sacrificium* offeratur Deo per sacerdotem magnum, qui etiam *seipsum obtulit* in passione pro nobis, *ut tanti capitis corpus essemus.*"

ges findet Augustin in der Aussage des Apostels Paulus: "So sind wir, die vielen, ein Leib in Christus, einzeln aber untereinander Glieder, im Besitz verschiedener Gaben gemäß der Gnade, die uns gegeben worden ist." (Römer 12,6) *In der Einheit des Leibes Christi sind das singuläre Opfer des Hauptes und das universale Opfer des Leibes zwar streng unterschieden, aber doch untrennbar miteinander verbunden.* Dies wird auch deutlich in der Auseinandersetzung Augustins mit dem Donatisten Tyconius, wie sie in der Schrift "Über die christliche Lehre" überliefert ist. Augustin bekundet seine Zustimmung zu der hermeneutischen Regel seines Gegners, "in der uns, die wir die eine Person des Hauptes und des Leibes, d.h. Christi und seiner Kirche kennen, eingeschärft wird, ohne Bedenken vom Haupte zum Leibe und vom Leibe zum Haupt überzugehen, ohne ein und dieselbe Person zu verlassen[72]." Dieses Zusammensein von Christus und seiner Kirche in einer personalen Existenzweise ist nicht der Akt einer anmaßenden Identitätsbehauptung, sondern das gnädige Geschehen, in dem sich Jesus Christus immer wieder mit den Seinen identifiziert[73]. Darum wird die Aussage über das Eine-Person-Sein sofort eingeschränkt durch die Feststellung: "Trotzdem muß man sehr wohl verstehen (und das heißt hier: unterscheiden Vf.), was dem Haupte und was dem Leibe, d.h. was Christus und was der Kirche zukommt[74]." Das Ineinander und Miteinander der - um es mit heutigen dogmatischen Begriffen auszudrücken - primären und der sekundären Existenzweise des Christus kommt in dem "Opfer der Christen", d.h. der Eucharistie, zur Darstellung: "Dieses Opfer feiert die Kirche auch durch das den Gläubigen bekannte Sakrament des

---

72 Doctr. christ. III, 31, 44: "Prima (regula) de Domino et eius corpore est. in qua scientes aliquando capitis et corporis, id est Christi et ecclesiae, unam personam nobis intimari ... non haesitemus, quando a capite ad corpus vel a corpore transitur ad caput, et tamen non receditur ab una eademque persona ..."

73 S. auch civ. XVII, 18, wo unter Hinweis auf Mt 25,40 festgestellt wird: "Sed solet in se membrorum suorum transferre personam et sibi tribuere quod esset illorum, quia caput et corpus unus est Christu..."- "Aber er pflegt auch sonst (etwa Lk 10,16; Act 9,4; I Kor 12,12. Vf.) die Rolle (persona) seiner Glieder auf sich zu übertragen und, was von ihnen gilt, sich selbst zuzuschreiben, denn Haupt und Leib sind der eine Christus..." Es ist hilfreich, daß der Übersetzer Wilhelm Thimme den Begriff "persona" hier einmal mit "Rolle" wiedergibt, obwohl das Gemeinte auch damit nicht ganz zum Ausdruck gebracht werden kann.

74 Doctr. christ. III, 31, 44: "et tamen quid horum duorum capiti, quid corpori, id est quid Christo, quid ecclesiae conveniat, utique intelligendum est."

Altares, worin ihr vor Augen gehalten wird, daß sie in dem, was sie darbringt, selbst dargebracht werden soll[75]."

Man meint geradezu, Augustin habe die Gesprächslage in der heutigen ökumenischen Theologie im Auge: Gerade in der Eucharistie wird der Kirche immer wieder gezeigt, daß sie auch da, wo sie als handelndes Subjekt des Opferns in Erscheinung tritt, im Grunde von einem anderen Subjekt, nämlich von Jesus Christus, als Opfer dargebracht wird.

Dieser Gedankengang wird an anderer Stelle noch weitergeführt. In göttlicher Gestalt ist Jesus Christus derjenige, der mit dem Vater Opfer entgegennimmt. Aber, um jeden Gedanken daran auszuschließen, es müsse irgendeiner Kreatur Opfer dargebracht werden, zog er es vor, "in Knechtsgestalt Opfer zu sein". Und nun heißt es weiter: "In dieser Knechtsgestalt ist er einmal Priester, der selbst opfert, und zugleich das, was als Opfer dargebracht wird[76]." Diese Doppelrolle Christi wird nun auf interessante Weise in Analogie gesetzt zum Handeln der Kirche in der Eucharistie: "Er wollte, daß das tägliche Opfer der Kirche ein geheimnisvolles Nachbild (sacramentum) dieses Vorganges sei: Hier (Anm. des Übersetzers: in der Doppelrolle Christi als Opfernder und als Geopferter) *lernt sie*, als der Leib eben dieses Hauptes, *sich selbst durch ihn selbst* zu opfern[77]." "Diesem einen höchsten und wahren Opfer", in dem Christus seine Kirche mit sich verbindet, "mußten alle anderen Opfer als falsche Opfer weichen[78]". Die Frage nach dem Subjekt des sakramentalen Handelns der Kirche wird hier auf eine eindrucksvolle Weise beantwortet. Jesus Christus ist und bleibt das *Subjekt* in diesem sakramentalen Handeln auch da, wo die Kirche als handelndes Subjekt in Erscheinung tritt. Jesus Christus ist und bleibt in diesem sakramentalen Handeln das *Objekt*, das von ihm selbst als singuläres Opfer ein für allemal am Kreuz vollzogen wurde. Dementsprechend bleibt die Kirche als von Christus dargebrachtes Opfer *Objekt* dieses Handelns auch da, wo sie als *Subjekt* in Erscheinung tritt. Sie muß es immer wieder neu lernen, sich selbst als universales Opfer darzubringen oder sich von Christus darbringen zu lassen. Dieses komplexive Ineinander zweier personal bestimmter Größen, die zugleich aktiv und passiv und

---

75 Civ. X, 6: "Hoc est sacrificium Christianorum: multi unum corpus in Christo. Quod etiam sacramento altaris fidelibus noto frequentat ecclesia, ubi ei demonstratur, quod *in ea re, quam offert, ipsa offeratur.*"

76 S. Anm. 64.

77 Civ. X, 20: "Cuius rei sacramentum cotidianum esse voluit ecclesiae sacrificium, quae cum ipsius capitis corpus sit, *se ipsam per ipsum discit offerre.*"

78 Ibid: "Huic summo veroque sacrificio cuncta sacrificia falsa cesserunt."

so als Subjekte und Objekte in Erscheinung treten, macht das Opfer der Kirche in der Eucharistie zu einem "sacramentum", zu einem "mysterium fidei", das durch kein rationalistisches Denken aufgelöst werden kann. Was exklusiv dem Handeln Gottes zuzuschreiben ist, wird inklusiv im Handeln der Kirche wirksam. Und wenn die Kirche als Subjekt handelt, ist in diesem Handeln immer Gott als der eigentlich Handelnde vorausgesetzt. Wer dem Denken im Subjekt-Objekt-Gegensatz verhaftet ist, das seit der Aufklärung in die Geisteswissenschaften und auch in die Theologie eingedrungen ist, wird an dieses Geheimnis der Kontingenz göttlichen und menschlichen Handelns im Handeln der Kirche schwerlich herankommen. Erfreulicherweise gibt es heute Ansätze zur Überwindung dieses Denkens.

Der Vorgang, in dem aus dem singulären Opfer Christi das universale Opfer der Kirche hervorgeht, vollzieht sich in der Feier der Eucharistie. Es ist der Vorgang des Empfangens und Zurück- bzw. Weitergebens (an Gott und an den Nächsten), wie wir ihn bereits oben als Characteristicum für den Opferbegriff Augustins beschrieben haben[79]. Indem die Kirche den Opferleib Christi in der Eucharistie empfängt, wird sie in das hinein verwandelt, was sie empfängt, sie wird universaler Opferleib, d.h. ein Opferleib, der nun auf dem ganzen Erdkreis (toto orbe terrarum) Gott dargebracht wird. Dies zu entfalten, findet Augustin immer wieder Gelegenheit in den Predigten zur Eucharistie: Was ihr empfangen habt, was ihr immer wieder empfangen werdet, was ihr täglich empfangen sollt, das seid ihr: Leib Christi: Ihr, die vielen, seid zu dem einen Leib Christi geworden[80]. Daraus ergibt sich die Mahnung: "Laßt euch nicht auseinanderreißen, eßt das, was euch mit einem festen Band aneinander bindet (vinculum vestrum), haltet euch nicht für zu gering, trinket das, was euch zu einer Kostbarkeit macht. Wie diese Gaben, wenn ihr sie eßt und trinkt, in euch hinein

79 S. § 2.
80 Serm. 227: "Debetis scire quid accepistis, quid accepturi estis, quid quotidie accipere debeatis. Panis ille, quem videtis in altare, sanctificatus per verbum Dei, corpus Christi est. Per ista voluit Dominus Christus commendare corpus et sanguinem suum, quem pro nobis fudit in remissionem peccatorum. Si bene accepistis, vos estis quod accepistis. Apostolus enim dicit: unus panis, unum corpus multi sumus. (I Kor 10,17)" - "Ihr sollt wissen, was ihr empfangen habt, was ihr empfangen werdet, was ihr täglich empfangen sollt. Das Brot, das ihr auf dem Altar seht, geheiligt durch das Wort Gottes, ist der Leib Christi. Durch diese Gaben wollte der Herr seinen Leib darbieten und sein Blut, das er für uns zur Vergebung der Sünden vergossen hat. Wenn ihr es recht empfangen habt, dann seid ihr das, was ihr empfangen habt. Der Apostel nämlich sagt: ein Brot, ein Leib sind wir, die Vielen."

verwandelt werden, so werdet auch ihr in den Leib Christi verwandelt, wenn ihr dann auch einen entsprechenden frommen und gehorsamen Lebenswandel führt[81]." "Ihr werdet also", so werden die soeben Getauften angesprochen, "vom heutigen Tage an immer wieder empfangen, was zu sein ihr begonnen habt, wenn ihr nicht unwürdig empfangen habt[82]." Die Behutsamkeit der Ausdrucksweise zeigt, wie sehr Augustin daran gelegen ist, sich gegenüber einem "ex opere operato" abzugrenzen. Damit das neu geschenkte Sein Bestand hat, muß es täglich empfangen und im Lebensvollzug, d.h. im Glauben, der in der Liebe wirksam ist (Gal. 6,5), bewahrt werden. Nur im täglichen Empfangen kann dieser Verwandlungsprozeß durchgehalten werden. Darum gilt: "Die Eucharistie ist unser tägliches Brot[83]." Nur das tägliche Essen und Trinken der eucharistischen Speise gewährt das "Bleiben in Christus": "Christus sagt selbst: Wer mein Fleisch ißt und mein Blut trinkt, bleibt in mir und ich in ihm (Joh. 6,57). Da macht er klar, was es heißt, nicht nur dem Sakramente nach, sondern in Wahrheit den Leib Christ essen und sein Blut trinken; es heißt: in Christus bleiben, so daß auch Christus im Genießenden bleibt[84]."

81 Serm. Denis III, 3: "Ne dissolvamini, manducate vinculum vestrum; ne vobis viles videamini, bibite pretium vestrum; sicut in vos hoc convertitur, cum id manducatis et bibitis, sic et vos in corpus Christi convertimini, cum oboedienter et pie vivitis." Zitat nach FP 35,17 Vgl. *F. Van der Meer* Augustinus der Seelsorger, 440ff.

82 Ibid. III, 4: "Accipere ergo incipitis quod esse coepistis, si non indigne accipiatis."

83 Serm. 57,7: "Eucharistia panis noster quotidianus est: sed sic accipiamus illum, ut non solum ventre, sed et mente *reficiamur*. Virtus enim ipsa, quae ibi intelligitur, *unitas* est, ut redacti in corpus eius, effecti membra eius, simus quod accipimus. Tunc erit vere panis noster quotidianus." - "Die Eucharistie ist unser tägliches Brot: Doch wir sollen es so empfangen, daß wir nicht allein im Magen, sondern in unserer Denkkraft wiederhergestellt werden. Die eigentliche Kraft, die hier wahrgenommen wird, ist die Einheit, daß wir dem Leib Christi eingegliedert, zu seinen Gliedern gemacht werden, daß wir sind, was wir empfangen. Dann wird die eucharistische Speise wahrhaftig unser tägliches Brot sein."

84 Civ. XXI, 25: Ostendit quid sit non sacramento tenus, sed re vera corpus Christi manducare et eius sanguinem bibere; hoc est enim in Christo manere, ut in illo maneat et Christus." Auf den Zusammenhang zwischen dem Empfangen der eucharistischen Gaben und der Lebensführung (vitae modus) wird eingehend in den Kap. XXI, 25 und 27 hingewiesen. Rechtfertigung ist für Augustin immer mit realer Gerechtmachung verbunden, die freilich durch die tägliche Bitte um Vergebung und das Bemühen um Fortschreiten zum Besseren hin sich immer wieder neu ereignen muß. (XXI, 27: "studium in meliora proficiendi")

Was bewirkt nun das verwandelnde Essen und Trinken der eucharistischen Speise und das darin begründete Bleiben in Christus? Es ist das heilsame Bleiben in der Einheit des universalen Opferleibes der Kirche. Um diese Einheit der Kirche geht es immer wieder. Die Eucharistie ist "das Sakrament der Einheit". Hier wird das altkirchliche Abendmahlsmotiv aufgenommen: "Wie die zerstreuten Körner in gewisser Weise zu einem einzigen Teig vermengt und zu einem einzigen Brot gebacken werden, so wird aus den vielen verschiedenen Gliedern durch die Eintracht der Liebe ein Leib Christi[85]." So sehr die Verschiedenheit der einzelnen Glieder am Leibe Christi und die Bedeutung der Glaubensentscheidung des einzelnen betont werden - in der Eucharistielehre Augustins findet sich keine Spur jener individualisierenden Tendenz, welche das Abendmahlsverständnis der letzten Jahrhunderte bei uns geprägt hat. Daß er dabei der biblischen Tradition näher steht, kann kaum einem Zweifel unterliegen.

Die sakramental begründete "Einheit der vielen in Christus" will, wie bereits erwähnt, im alltäglichen Lebensvollzug immer wieder neu aktualisiert und realisiert werden: in den Werken des Glaubens, der Liebe und der Barmherzigkeit[86]. Dies entspricht dem göttlichen Willen, der darauf hinzielt, daß das singuläre Opfer Christi und das universale Opfer der Kirche ein "ganzes Opfer" seien[87]. In der Einheit mit Christus wird das universale

---

85 Serm. Quelferbyt. VII, FP 35, 24: "Hoc quod videtis *sacramentum est unitatis* ... Quomodo autem de singulis granis in unum congregatis et quodammodo sibimet consparsione commixtis fit unus panis, sic fit *unum corpus Christi concordia caritatis.*" S. dazu civ. III, 28: "Neque commodius contra *vitium discordiae* vel cavendum ne existeret, vel sanandum cum extitisset, natura loqueretur humana, quam recordationem illius parentis, quem propterea Deus creare voluit unum, de quo multitudo propagaretur, ut hac admonitione etiam *in multis concors unitas* servaretur." - "Und in der Tat kann von der menschlichen Natur gegen das Laster der Zwietracht nichts Angemesseneres vorgebracht werden, sei es um seine Entstehung zu verhindern, sei es um es, wenn es da ist, zu heilen, als die Rückerinnerung an jenen Stammvater, den Gott deshalb als den einen erschaffen wollte, aus dem die Vielheit hervorgehen sollte, damit durch diese Ermahnung auch unter den Vielen eine einträchtige Einheit bewahrt werde." Hier ist hinzuweisen auf die bedeutsame Arbeit von *Rudolf Schneider*, Seele und Sein, 169: "Dieses esse, das nach Augustin die Möglichkeit der salus und der corruptio, von Seinsbestand und Seinsvernichtung hat, faßt Augustin als unum esse. Im guten Zustand ist also die Einheit (unitas) des Seins gerettet. ... Die Einheit ist also mit dem Sein konvertibel."
86 S. Anm. 23.
87 Civ. X, 6: ".. *totum* sacrificium nos ipsi sumus."

Opfer der Kirche, d.h. das sich über die ganze Erde hin erstreckende Opfer der Kirche, ein "ganzes", d.h. ein Leib und Seele, Äußeres und Inneres umfassendes Opfer, das im Anschluß an Römer 12,2 als "gutes, Gott wohlgefälliges und vollkommenes Opfer" zu bezeichnen ist[88]. Solange wir auf dieser Erde leben, den Anfechtungen und Versuchungen dieser Welt preisgegeben sind, wird dieses Ganzopfer freilich fragmentarisch bleiben und immer wieder in Frage gestellt werden müssen. Die "Anteilnahme an diesem Tisch", der Eucharistie, wird ein Ereignis sein, in dem wir "anfangen, das Leben zu haben[89]." Es ist noch nicht ein "perfectum esse", sondern ein "ad bonum proficisci", ein Sein, das im täglichem Bemühen um ein Fortschreiten zum Besseren hin (studium in meliora proficiendi) Ereignis wird[90].

Von daher ist es verständlich, daß das "ganze Opfersein" im Lebensvollzug unter dem Imperativ der apostolischen Mahnung steht und zugleich als eschatologische Verheißung gilt. Lebendige Gegenwart ist dieses Opfersein im sakramentalen Handeln der Kirche. Hier ist die auf alle Menschen hinzielende "Universalität" des Opfersein ebenso präsent wie die "Totalität" der Ganzhingabe an Gott und die Menschen. Wo Christus jedoch die Kirche als universales Opfer mit sich und seinem singulären Opfer verbindet, da eröffnet er die Möglichkeit, daß durch seinen Geist "die vielen als Einheit in Christus" auch im Alltag ein "ganzes Opfer" werden.

In dem Maße wie unser Opfersein dieser Ganzheit entspricht, wird es dann auch in dem Sinne wirksam werden, daß es das "Ganze" der Menschheit "durchsäuert" und daß schließlich alle Völker der Erde sich selbst als Opfer darbringen werden[91].

In diesem Zusammenhang kann auf die Taufe nur kurz eingegangen werden[92]. In seinen Lehrpredigten für die Neophyten, die Neugetauften, behandelt Augustin sehr eingehend die Taufe und den Zusammenhang zwischen Taufe und Eucharistie. Durch die Taufe wird ein Mensch dem

---

88 Ibid.

89 Ibid. XVII, 20: "Participem autem fieri mensae illius, ipsum est *incipere habere vitam.*"

90 S. Anm. 80.

91 Serm. Denis III, 5: "Sapientia Dei ... quae in toto orbe terrarum ... disseminat evangelium, donec fermentaretur totum." Es ist die Weisheit Gottes ... die über den ganzen Erdkreis hin ... das Evangelium ausbreitet, bis das Ganze durchsäuert sein wird." Von daher ergibt sich für Augustin der Begriff der Catholon ten gen, über die ganze Erde hin verbreiteten "katholischen" Kirche.

92 S. meine Arbeit "Totus Christus" § 10, 164ff.

Leibe Christi eingegliedert. Das neue Sein, das ihm dadurch geschenkt ist, muß durch den Empfang der eucharistischen Speise immer wieder am Leben erhalten werden[93]. Wichtig in unserem Zusammenhang ist die Tatsache, daß nach Augustin die Neugetauften unmittelbar nach der Taufe das Opfersein ebenso in sich verwirklichen wie die Menschen im Paradies und wie die Märtyrer, welche die Todestaufe auf sich nehmen[94].

Wir fassen zusammen:

Im Raume der irdisch-geschichtlichen Gegebenheiten verwirklicht sich das Opfersein zunächst nur in den sakramentalen Begegnungen mit Christus. Dabei wird das Subjektsein der Kirche im sakramentalen Handeln der Kirche von dem Subjektsein Jesu Christi umschlossen. Die Kirche ist nicht schon in ihrem bloßen Vorhandensein als historische Größe "universales Opfer". Sie ist dies nur, sofern dieses Opfersein sich an ihr und in ihr immer neu je und dann in der geschichtlichen und sakramentalen Begegnung ereignet. Augustin weiß sehr wohl, daß die Kirche lügen würde, wollte sie von sich behaupten, daß sie das Opfersein schon jetzt und hier in ungebrochener Weise verwirklichte[95].

Daß das Opfersein sich im konkreten Lebensvollzug der Christen bewährt, ist keine Selbstverständlichkeit; was sich hier als Konsequenz aus der sakramentalen Begegnung ergeben sollte, steht zugleich unter dem Imperativ der apostolischen Mahnung, die den Glaubensgehorsam fordert. Wo sich das im sakramentalen Geschehen geschenkte Opfersein der Christen im Zeugnis des Glaubens und Bekennens als "totales Opfer" verwirklicht, kann dies auch zum Martyrium führen. Von dem Opfersein der Märtyrer ist im nächsten Abschnitt zu handeln.

---

93 Ibid. § 11, 175ff.

94 S. dazu civ. XX, 26.

95 In evang. Joh. 50, 12: "Si bonus es, si ad corpus pertines ...: habes Christum et in praesenti et in futuro; in praesenti per fidem, in praesenti per signum, in praesenti per baptismatis sacramentum, in praesenti per altaris cibum et potum. Habes Christum in praesenti, sed habebis in futuro." - "Wenn du ein guter Mensch bist, wenn du zum Leibe Christi gehörst ... dann hast du Christus für den Augenblick und für die Zukunft; für den Augenblick durch den Glauben, für den Augenblick durch das Zeichen, für den Augenblick durch das Sakrament der Taufe, für den Augenblick durch die Speise und den Trank des Altares. Du hast ihn für den gegenwärtigen Augenblick (ereignishaft), aber du wirst ihn einmal für immer haben." Das gegenwärtige "Haben" Christi ist also ein im Ereignis sich immer wieder aktualisierendes Haben, während das zukünftige Haben von Dauer sein wird.

§ 8 Das Opfersein der Gläubigen und der Märtyrer, das sich im Lebensvollzug als Zeugnis und Bekenntnis bewährt

Wir sahen, daß das Opfersein im schöpfungsgemäßen Urstande noch nichts mit Kämpfen und Leiden, mit Kreuz, Tod und Martyrium zu tun hatte[96]. Für unsere Vorstellung hängt ja beides wie selbstverständlich zusammen. Für das Opferverständnis Augustins trifft dies nicht zu. Das Opfersein als Sein in der Entgegennahme von und in der Hingabe an Gott und die Mitmenschen wird erst im Vollzuge der irdisch-geschichtlichen Existenz zum Martyrium. Erst die Sünde macht das Opfersein des Menschen zum Blutopfer und zum Todesopfer. Mit anderen Worten: In der gefallenen Schöpfung verwirklicht sich das schöpfungsgemäße und endzeitliche Sein als Martyrium im umfassenden Sinne. Es ist ein Leiden um der Wahrheit des Evangeliums willen, das keinem Gläubigen erspart bleibt. Im Rahmen der irdisch-geschichtlichen Wirklichkeit ist das Martyrium im engeren oder weiteren Sinne integrierender Bestandteil der gläubigen Existenz. Es gehört zur Verehrung des einen und wahren Gottes, der aller Götter und aller Menschen Gott ist (cultus Dei). Es ist hier eingebettet in den Dienst (servitus, latreia), den wir alle Gott schulden[97]. Dieser Gottesdienst im weitesten Sinne umfaßt das sakramentale Geschehen der religiösen Betätigung im engeren Sinne ebenso wie die Vorgänge im personalen Zentrum des Menschen, von dem her der Lebenswandel seine Ausrichtung erfährt.

In diesem Zusammenhang kommt die Kategorie des Einzelnen und sein Verhältnis zu Gott, die wir bisher vielleicht vermißt haben, in hervorragender Weise zur Geltung. Nicht nur als Gesamtheit, sondern auch als Einzelne (singuli) sind wir Gottes Tempel, denn "er hat es nicht für unter seiner Würde gehalten, sowohl der einträchtigen Gemeinschaft aller (omnium concordiam), als auch einzelnen Menschen (singulos) einzuwohnen." "Und er ist in der Gesamtheit nicht größer als in den Einzelnen, weil er sich in der Masse nicht ausdehnt, noch durch Teilung verkleinert." "Wann immer wir uns zu Gott erheben - sein Altar ist unser Herz." (X, 3)

Mit der ganzen Leidenschaft seines gläubigen Denkens beschreibt nun Augustin, wie sich dieser Gottesdienst in den Einzelnen vollzieht. Ausgangspunkt ist selbstverständlich der singuläre Opferdienst Jesu Christi,

---

96 S. § 3.
97 Civ. X, 3, woraus im Nachfolgenden referiert bzw. zit. wird. Hinter Zit. in dt. Spra che werden gelegentlich nur einige prägnante Begriffe und Formulierungen in lat. Sprache und die Fundstelle angegeben.

der im Opferdienst seiner Zeugen seine Entsprechung findet. "Durch den priesterlichen Dienst seines eingeborenen Sohnes werden wir mit Gott versöhnt. Wenn wir bis hin zum Blute für seine Wahrheit kämpfen, bringen wir ihm blutige Schlachtopfer dar." (cruentas victimas caedimus) (X, 3)

Dabei gilt: Was immer wir Gott "geloben und zurückgeben" (reddimus!) - es sind "seine Gaben in uns, ja wir selbst". Es geht also bei allem, was im Rahmen dieser Gottesverehrung geschieht, um die Verwirklichung des Opferseins. "Wenn wir bei seinem Anblick (in eius conspectu) in frommer und heiliger Liebe entflammt werden, dann entzünden wir ihm das lieblichste Rauchopfer. (incensum) ... Durch das Feuer glühender Liebe bringen wir ihm auf dem Altar unseres Herzens das Opfer der Demut und des Lobes dar (hostiam humilitatis et laudis) ... Denn er ist die Quelle unserer Glückseligkeit, er ist das Ziel all unseres Strebens ... Worüber sich Philosophen streiten mögen - unser Zielgut ist jedenfalls kein anderes als dies, dem Gott anzuhangen und verbunden zu sein, der durch seine unkörperliche Umarmung unsere erkennende Seele (anima intellectualis) mit wahren Tugenden erfüllt und befruchtet." Mit der Erreichung dieses Zieles gelangen wir zur "Ruhe, zur Glückseligkeit und zur Vollendung ... Zu diesem Ziel hin müssen uns die führen, die uns lieben, und müssen wir die führen, die wir lieben." Auf diese Weise wird das Gebot der Gottesliebe und der Nächstenliebe, in die die wahre Liebe zu sich selbst eingeschlossen ist, erfüllt. "Das ist Gottesverehrung (Dei cultus), das ist wahre Religion (religio, theosebeia), das ist echte Frömmigkeit (pietas, eusebeia), das ist der Gott allein geschuldete Dienst (servitus)". Wer sich dieser Gottesverehrung entzieht, wer anderen Göttern opfert, der ist der Unseligkeit, ja der Vernichtung preisgegeben. (X, 3 und immer wieder zitiert: Exod. 22, 20) Nur auf dem Hintergrund dieser im wahrsten Sinne radikalen, von glühender Gottesliebe geprägten Frömmigkeit ist die Bereitschaft zum Martyrium zu verstehen, die im Nachfolgenden entfaltet werden soll. Wer sich vom Strom dieser Frömmigkeit nicht hinreißen läßt, sondern meint, das Phänomen der Märtyrer aus historisierend-objektivierender Distanz heraus beurteilen zu können, kann der Gefahr von Mißverständnissen und Fehldeutungen kaum entgehen[98]. Alle Begriffe, die Augustin hier verwendet, sind der Vorstellungswelt entnommen, in die der Kult der römischen Staatsgötter eingebettet war. Dadurch wurden die zeitgenössischen Leser

---

98 Als markantes Beispiel solcher Fehldeutung sei erwähnt: *Hans Dieter Stöver*, Christenverfolgung im römischen Reich, ihre Hintergründe und Folgen, Düsseldorf 1982.

Augustins an die grausige Wirklichkeit der nicht allzu weit zurückliegenden Christenverfolgungen erinnert: Die "Tempel" in den Städten und Provinzen des römischen Weltreiches, der "Anblick" der Statuen von Staatsgöttern und Gottkaisern, denen zum Erweis staatsbürgerlicher Loyalität auf den Altären "blutige Schlachtopfer" dargebracht werden mußten; die "Rauchopfer" der staatlich verordneten "Demutsgesten" und "Lobeshymnen"; die festlichen Aufzüge zu Ehren der göttlichen Herrscher. (Vgl. dazu civ. II, 27) Augustin gibt diesen Begriffen und Vorstellungen einen ganz neuen Inhalt. Er stellt sie in den Dienst der christlichen Gottesverehrung.

Die Christen mußten sich dem von der römischen Staatsmacht verordneten Opferdienst versagen. Er war für sie Götzen- und Dämonendienst. Sie lebten in dem Glauben, daß sie sich selbst mit ihrem ganzen Sein dem einen und wahren Gott, dem Vater, Sohn und heiligen Geist, zu verdanken hatten. Ihre Herzen waren von glühender Liebe zu diesem Gott entzündet. Und sie lebten in der gewissen Hoffnung, daß sie nur in der Ganzhingabe an diesen Gott Glückseligkeit und ewiges Leben erlangen könnten. Durch diese Glaubenshaltung wurde die göttlich legitimierte Staatsraison aufs gröblichste verletzt und herausgefordert. Mochte die römische Staatsmacht gegenüber fremden Göttern noch so tolerant sein - ihr kam es in der "multireligiösen Gesellschaft" des Vielvölkerstaates auf einen mehr oder weniger nicht an - gegenüber dem Absolutheitsanspruch des Christengottes mußte sie sich aus Gründen der Selbstbehauptung zur Wehr setzen. Damit war die kämpferische Auseinandersetzung zwischen Kirche und Staat unausweichlich geworden. Daß sich dieser Kampf an der Frage entzündete, wem die Darbringung von Opfern gebührte und wem nicht, sollte nicht nur als zeitbedingte Variante der Auseinandersetzung zwischen Kirche und Staat verstanden werden. Die Frage, wem sich der Mensch zu verdanken und im Ganzopfer des Lebens hinzugeben habe, ist den Beziehungen zwischen Kirche und Staat zu allen Zeiten implizit.

Solange die Kirche vor allen Menschen, und das heißt öffentlich, den Anspruch erhebt, daß in ihrem Gottesglauben allein der "allgemeine Weg zur Befreiung der Seele" (via universalis animae liberandae) gegeben sei, muß es immer wieder mit jedem sich totalitär verstehenden Staat zu Konflikten kommen. (X, 32) In den traditionellen Ritualen dämonischer, d.h. ideologischer Staatsvergötzung geht es im Grunde immer wieder darum, daß Geschöpfe an die Stelle des Schöpfers treten und für sich absolute Geltung, d.h. religiöse Verehrung beanspruchen. "Intellektuelle", die diesen Betrug durchschauen, sehen sich dennoch genötigt, den "Sachzwängen" (naturae rerum) letzte Verbindlichkeit zuzubilligen. (IV, 29) So geraten "Betrüger und Betrogene" unter die Herrschaft von Dämonen (Ideologien), von der "allein die Gnade Gottes durch unseren Herrn Jesus Christus befreien kann." (IV, 31) Selbst aufgeklärte Herrscher empfehlen, den Dämonen gleich, ihren Völkern das, was sie als nichtig erkannt haben, unter dem Titel der Religion als *die* Wahrheit. Sie tun dies, um die Menschen zu einer bürgerlichen Gesellschaft enger zusammenbinden und sie so besser als Untertanen beherrschen zu können. "Wie aber sollte sich ein schwacher und ungebildeter Mensch solchen Täuschungen der staatlichen Machthaber und der Dämonen zugleich entziehen können?" (IV, 32)

Angesichts dieser Situation "ist die Hilfe des allein wahren Gottes nötig." Er sandte die Märtyrer, "die für die wahre Religion zu sterben bereit waren, um die Lebenden von den falschen Religionen zu befreien." (IV, 29) "Durch die Demut Jesu Christi, durch die Predigt der Apostel und durch den Glauben der Märtyrer hat Gott nicht nur in den Herzen der Frommen, sondern auch in den Tempeln des Aberglaubens die abergläubischen Anschauungen (superstitiones) umgestoßen und an ihre Stelle den freien Dienst (libera servitus) der Gläubigen gesetzt." (IV, 30)

In diesem Kampf des Glaubens liegt also die göttliche Bestimmung der Märtyrer. Sie sollen "Zeugen für die Wahrheit" sein, die mit ihrer Existenz den Nachweis dafür erbringen, "daß man für den der Gottesverehrung entsprechenden Glauben und für den empfehlenden Hinweis auf die Wahrheit alle Art leiblicher Übel zu ertragen habe." (X, 32)

In Auseinandersetzung mit der neuplatonischen Philosophie des Porphyrius kommt Augustin zu der lapidaren Feststelung: "Die christliche Religion ist die Religion, welche den allgemeinen Weg zur Befreiung der Seele in sich schließt, da keine Seele außer durch sie befreit werden kann." (X, 32) Dieser Weg ist der für alle Völker bestimmte Weg und heißt daher der "universale Weg". (X, 32)[99]

"Weg" und "Wahrheit" werden nun aber nicht nach Philosophenart mit allgemeinen Begriffen und Theorien beschrieben. Sie sind Person geworden in dem "Erlöser", der von sich sagt: "Ich bin der Weg, die Wahrheit und das Leben." (Joh. 14,6) Seine Inkarnation, sein Leiden und Sterben, seine Auferstehung und die Predigt zur Buße und zur Vergebung der Sün-

---

99 Civ. X, 32, Dieses Kap. enthält eine höchst bedeutsame Auseinandersetzung mit dem röm. Philosophen Prophyrius, der ungeachtet seiner humanistischen Ideale der röm. Staatsmacht das geistige Rüstzeug zur Christenverfolgung lieferte. Dieser Zusammenhang zwischen humanistischen Theorien und totalitärer Staatspraxis ist in der Geschichte nicht einmalig.

den - das ist der Weg zur Wahrheit und zum Leben, der Weg zur "Befreiung der Seele". (X, 32)

In dieser Geschichte Jesu Christi wird "Vergangenes so geschildert, daß zugleich auch Zukünftiges vorausgesagt wird." Und dies sind die Ziele, zu denen der universale Weg führt: "die Auferstehung der Toten", "das ewige Reich des glorreichen Gottesstaates, der sich im unsterblichen Genuß der Anschauung Gottes befindet." (X, 32)

"Wer nicht glaubt und deshalb nicht einsieht, daß dieser Weg, wie er in der heiligen Schrift als die Wahrheit verkündet und dargelegt wird, der richtige Weg ist und bis zur Anschauung Gottes und zur ewigen Vereinigung mit ihm führt, der mag ihn bekämpfen, niederringen wird er ihn nicht." (oppugnare possunt, sed expugnare non possunt.) (X, 32) Dieses grandiose Bewußsein hat die Märtyrer erfüllt. "Die Treue zum Heil des Gottesstaates schuf die vielen großen Märtyrer mit ihren festen und geduldigen Herzen." (XXII, 6)

Es erscheint unerläßlich, der Frage besondere Aufmerksamkeit zu widmen, auf welche Weise sich die Märtyrer geopfert haben. Hier ist zunächst darauf hinzuweisen, daß sich die Christen nicht nach dem Martyrium drängen sollen. Jesus Christus selbst hat ihnen die Anweisung gegeben, bei Verfolgungen von einer Stadt in eine andere zu fliehen. (I, 22; Mt 10,23) Diese Anweisung darf freilich nicht in dem Sinne mißverstanden werden, als dürften Christen sich durch Verschweigen oder durch Verleugnen vor Verfolgungen schützen. Für die "große Menge von Märtyrern bei allen Völkern der Erde" gilt: "Sie ließen sich weder von der Verehrung noch von dem Bekenntnis zur Gottheit Christi abschrecken." (a Christo autem Deo *non solum colendo, verum etiam confitendo*) "Keine Furcht konnte sie zum Widerruf veranlassen." (metus revocare non potuit) "Weder die Furcht vor einer leichten Beleidigung (metus levis offensionis animorum) noch die Furcht vor unermeßlichen Strafen aller Art einschließlich der Todesstrafe, die man doch mehr als alles andere fürchtet." (metus inmensarum variarumque poenarum et ipsius mortis, quae plus ceteris formidatur) (XXII, 6) Ja, gerade durch ihr Bekenntnis zu Gott haben sie die Welt besiegt. (mundum in eius confessione vicerunt) (XXII, 10) Dieses Bekenntnis wird sehr deutlich unterschieden von dem, was heute mit dem Begriff "Widerstand" umschrieben wird: "Für ihren Glauben Zeugnis gebend, haben sie die Todfeindschaft und die äußersten Grausamkeiten von seiten der Welt ertragen und die Welt nicht durch Gegenkampf (repugnatio - Widerstand), sondern durch ihren Tod besiegt.": (huic fidei testimonium perhibentes mundum inimicissimum et crudelissimum pertulerunt eumque *non repugnando, sed moriendo vicerunt.*") (XXII, 9) Für den Glauben an Jesus Christus, seine Auferstehung und Himmelfahrt legten sie Zeugnis ab; sie leisteten keinen Widerstand; für den Glauben wurden sie getötet, um des Namens Christi willen hingemordet; mit wunderbarer Standhaftigkeit haben sie Leiden ertragen. (XXII, 9)

Der Verzicht auf gewaltsamen Widerstand ist nicht darin begründet, daß die Christen dazu keine Möglichkeit gehabt hätten. Mit diesem Verzicht wußte sich die Kirche vielmehr in der Nachfolge Jesu Christi. Sie hat, wie er, den auf dieser Erde üblichen Reaktionsmechanismus von Gewalt und Gegengewalt durchbrochen und damit bereits während ihrer irdischen Pilgrimschaft eschatologisches Sein als Opfersein existentiell verwirklicht. Augustin: "Obwohl sie noch auf Erden pilgerte und Volk in großen Scharen hinter sich hatte, hat die Bürgerschaft Christi nicht den Kampf für ihr *zeitliches* Heil aufgenommen gegen die gottlosen Verfolger, sondern sie hat im Gegenteil, um das *ewige Heil* zu erlangen, auf den Kampf verzichtet ... Das (zeitliche) Heil um des Heilandes willen zu verachten - nur darin bestand ihr Kampf um das Heil[100]."

Von Widerstand (repugnatio) ist in einem anderen Zusammenhang die Rede. In einem gewissen Sinne ist das Reich Christi auch ein "regnum militiae". Doch der Kampf, der hier in Verteidigung und Angriff auszufechten ist, richtet sich nicht gegen andere Menschen, gegen die böse Welt oder Gesellschaft, sondern gegen die anstürmenden Laster und Leidenschaften, die es zu besiegen und zu beherrschen gilt. Es ist ein Kampf gegen die Fremdbestimmung des Menschen durch die bösen, dämonischen Geister und ihren "Fürsten", den Teufel. In der Liebesgemeinschaft mit Christus und seiner Kirche wird der Mensch aus der Gefangenschaft unter die Macht der Süchte (Selbstsucht, Herrschsucht, Habsucht) befreit zu Selbstzucht, Selbstbeherrschung und Selbstbeschränkung. Die hier erfahrene "vollkommene Liebe kennt weder Weltgier noch Weltangst[101]."

---

100 Civ. XXII, 6: "Neque tunc civitas Christi, quamvis adhuc peregrinaretur in terris et haberet tamen magnorum agmina populorum, adversus impios persecutores suos pro *temporali salute* pugnavit; sed potius, ut obtineret *aeternam*, non repugnavit ... non erat eis pro salute pugnare nisi salutem pro Salvatore contemnere."

101 Agon. christ.: "perfecta caritas nec cupiditatem habet saeculi, nec timorem saeculi." Diese Schrift "Der christliche Kampf" kann als Hirtenbrief des jüngst ins Bischofsamt berufenen Augustin verstanden werden. Zum Kampf der Christen s. Anm. 39. Von der Korrelation zwischen der Herrschsucht der Machthaber und der Habsucht und Üppigkeit des Volkes redet civ. I, 32.

Die Bösen, die, vermischt mit den Guten, auch in der Kirche sind und hier nur das Ihre, nicht das, was Jesu Christi ist, suchen, sind das Unkraut, das bis zum Ende dieser Weltzeit mit dem Weizen zusammen heranwächst, um erst dann ausgeschieden zu werden. Sie leben im Reiche Christi, aber sie sind nicht das Reich Christi. (XX, 9) Auch Jesus Christus hatte unter seinen Jüngern einen Bösen (Judas), "dessen er sich zum Guten bediente, um sowohl das Vorhaben seines Leidens auszuführen als auch seiner Kirche ein Beispiel für das Ertragen der Bösen zu geben[102]." Diese "Toleranz" erstreckt sich sogar auf die Bösen außerhalb der Kirche. Bei allen Auseinandersetzungen mit den Gegnern soll sich "die erlöste Familie des Herrn Christus und die pilgernde Bürgerschaft des Königs Christus" vor Augen halten, "daß unter den Feinden künftige Mitbürger und Freunde - sich selbst unbewußt - verborgen sind[103]." In diesem "Erleiden" und "Ertragen" des Bösen wird das der ursprünglichen Bestimmung entsprechende, für die Vollendung verheißene, durch die Gliedschaft am Leibe Christi vermittelte Opfersein schon jetzt und hier durchgehalten.

In diesem Erleiden und Ertragen liegt aber auch das begründet, was die Märtyrer bewirken. Hier ist zunächst der missionarische Effekt hervorzuheben: "Sie kämpfen bis zur Hingabe ihres Leibes für die Wahrheit, damit die wahre Religion bekannt werde und die falschen und erfundenen Religionen überführt würden[104]." Durch ihr Blutzeugnis wurden die Märtyrer zu den wahren "Multiplikatoren" der Kirche: "Man fesselte die Bekenner Christi und sperrte sie ein, man schlug sie und folterte sie, man verbrannte sie und zerfleischte sie, scharenweise machte man sie nieder - und es wurden ihrer immer mehr[105]."

Diese missionarische Wirkung, die von den Märtyrern ausging, wurde noch verstärkt durch die außerordentlichen Wundertaten, die von ihnen, insbesondere an ihren Gedenkstätten, bewirkt wurden. In einem langen Kapitel (XXII, 8) werden von Augustin solche Wundertaten berichtet, die sich zu seiner Zeit und in seiner Umgebung zugetragen hatten. Dazu gehö-

---

102 Civ. XVIII, 49: "Habuit (Christus) inter eos (discipulos) unum, quo malo utens bene et suae passionis impleret dispositum et *ecclesiae suae tolerandorum malorum praeberet exemplum.*"

103 Ibid. I, 35: "Meminerit sane *in ipsis inimicis latere cives futuros* ... apud apertissimos adversarios praedestinati amici latitant, adhuc ignoti etiam sibi."

104 Ibid. VIII, 27: "qui (martyres) usque ad mortem corporum suorum pro veritate certarunt, ut innotesceret vera religio falsis fictisque convicitis."

105 Ibid. XXII, 6: "Ligabuntur includebantur, caedebantur torquebantur, trucidabantur - et *multiplicabantur.*"

ren nicht nur Wunderheilungen (miracula sanitatum), sondern auch Dämonenaustreibungen[106]. Sie ereignen sich durch Gebete, bisweilen auch durch bloße Berührung an den Gedächtnisstätten (memoriae), die man zur Erinnerung an die Märtyrer zu errichten pflegte. Hier werden bei gottesdienstlichen Feiern die Berichte über die Leiden der Märtyrer verlesen, aber nicht ihnen, "sondern dem Gott Opfer dargebracht, der sie zu Menschen und zu Märtyrern gemacht und sie an himmlischen Ehren seinen heiligen Engeln gleichgestellt hat." Dies alles geschieht, "auf daß wir bei dieser Feier dem wahren Gott um ihrer Siege willen Dank sagen und uns unter Anrufung seines Beistandes und durch Erneuerung ihres Gedächtnisses zum Streben nach ebensolchen Kronen und Siegespalmen ermuntern möchten[107]." Die Märtyrer werden also den Gläubigen als Beispiele vor Augen gestellt und zur Nachahmung empfohlen.

In diesem Zusammenhang sind Erörterungen aufschlußreich, in denen Augustin darlegt, wie er das Subjektsein Gottes und das Subjektsein der Diener Gottes, der Märtyrer und der Engel, versteht. Welche machtvollen Taten auch immer durch die Märtyrer vollbracht werden - in ihnen wirkt Gott, sei es, daß sie mit ihm "kooperieren", oder sei es, daß er auf Grund ihrer Gebete handelt. In jedem Falle zielt diese Wirksamkeit darauf, den Glauben an die Auferstehung zur Ewigkeit zu fördern, die in Christus bereits geschehen und die allen Gläubigen verheißen ist[108]. Dabei erscheint

---

106 Ibid. XXII, 8. Vgl. VIII, 26.

107 Ibid. VIII, 27: "apud eorum memorias offeratur Deo, qui eos et homines et martyres fecit et sanctis suis angelis caelesti honore sociavit, ut ea celebritate et *Deo vero* de illorum victoriis *gratias agamus* et nos ad imitationem talium coronarum atque palmarum *eodem invocato in auxilium ex illorum memoriae renovatione* adhortemur."

108 Ibid. XXII, 10: "faciunt autem ista (miracula) martyres vel potius Deus aut cooperantibus aut orantibus eis, ut fides illa proficiat, qua eos non deos nostros esse, sed unum Deum nobiscum habere credamus." - "Die Märtyrer dagegen, vielmehr Gott unter ihrer Mitwirkung oder auf Grund ihrer Fürbitte, verrichten ihre Wunder zur Förderung des Glaubens, der uns lehrt, daß nicht etwa sie unsere Götter sind, sondern mit uns nur einen Gott haben." "Dicendo enim vera passi sunt, ut possint facere mira. In eis est praecipuum, quod Christus resurrexit a mortuis et inmortalitatem resurrectionis in sua carne primus ostendit, quam nobis adfuturam vel in principio novi saeculi vel in huius fine promisit." - "Sie sagten Wahres, litten dafür, und dürfen nun Wunderbares tun. Unter dem Wahren aber, das sie sagten, ist der Hauptpunkt, daß Christus von den Toten auferstanden ist und uns als erster an seinem Leibe die Auferstehung zum ewigen Leben vor Augen geführt hat, die auch uns zuteil werden wird am Beginn der neuen oder am Ende der jetzigen Weltzeit."

es gleichgültig, ob "Gott selbst durch sich selbst diese Wunder wirkt auf wunderbare Weise, wie eben er, der Ewige, zeitliche Dinge bewirkt, oder ob er sie durch seine Diener tut." Das gleiche gilt für die Frage, "ob er von dem, was er durch Diener tut, manches auch durch die Geister von Märtyrern tut, so wie er auch durch Menschen wirkt, die sich noch im Leibe befinden, oder ob er das alles durch Engel bewirkt, denen er unsichtbar, unkörperlich und unwandelbar seine Befehle erteilt, so daß also die Wunder, die nach dem Sprachgebrauch durch Märtyrer geschehen, nur auf ihr Gebet und ihre Vermittlung hin, nicht durch ihr Wirken geschehen, oder ob die einen Wunder auf diese, die anderen auf jene den Sterblichen gänzlich unfaßbare Weise zustande kommen: jedenfalls zeugen alle solche Wunder für jenen Glauben, der die Auferstehung des Fleisches zur Ewigkeit verkündet[109]."

Damit ist für Augustin klargestellt: Die Frage, ob Gott durch Menschen und Mächte mittelbar wirkt oder ob er unmittelbar in das Geschehen eingreift, ist weniger wichtig als die Tatsache, daß dieses wunderbare Wirken "für den Glauben zeugt, der die Auferstehung des Fleisches zur Ewigkeit predigt." Es bereitet also Augustin keine Schwierigkeit, das Subjektsein Gottes und das Subjektsein von Menschen, seiner Diener, der Märtyrer, der Engel, auf eine solche Weise ineinander zu sehen, daß dabei der Unterschied zwischen dem Schöpfer und den Geschöpfen voll gewahrt wird. Bei aller Mitwirkung von Menschen, sei es von seiten der Kirche oder einzelner Christen, bleibt auch beim Opfergang der Märtyrer Gott der aktiv Handelnde. "Seine Weisheit, d.h. das dem Vater gleichewige Wort, hat sich im jungfräulichen Schoße als Haus einen menschlichen Leib erbaut, hat mit diesem, wie mit dem Haupte die Glieder, die Kirche verbunden, hat die Opfer der Märtyrer dargebracht, hat den Tisch mit Wein und Brot

---

109 Ibid. XXII, 9: "Nam si carnis in aeternum resurrectio vel non praevenit in Christo vel non ventura est ...: cur et mortui (martyres) tanta possunt, qui pro ea fide, qua haec resurrectio praedicatur, occisi sunt? Sive enim Deus ipse per se ipsum miro modo, quo res temporales operatur aeternus, sive per suos ministros ista faciat; et eadem ipsa, quae per ministros facit, sive quaedam faciat etiam per martyrum spiritus, sicut per homines adhuc in corpore constitutos, sive omnia ista per angelos, quibus invisibiliter, incorporaliter, inmutabiliter imperat, operetur, ut, quae per martyres fieri dicuntur, eis orantibus tantum et inpetrantibus, non etiam operantibus fiant; sive alia istis, alia illis modis, qui nullo modo conprehendi a mortalibus possunt: ei tamen adtestantur haec fidei, in qua carnis in aeternum resurrectio praedicatur."

bestellt ... [110]" Auch im Selbstopfer der Märtyrer ist demnach Gott, seine Weisheit, sein Wort Jesus Christus wirksam.

Damit ist das Verhältnis der Kirche zu ihren Märtyrern eindeutig bestimmt. Die Märtyrer sind wie alle Christen, die lebenden und die toten, auch die Engel, Glieder am Leibe Christi, Glieder der Kirche und der Bürgerschaft Gottes. Sie sind freilich dem Wandel und der Ungewißheit dieses zeitlichen Lebens enthoben und der ewigen Vollendung bei Gott teilhaftig geworden. Dies macht sie in besonderer Weise dazu geeignet, den noch auf Erden wandelnden Christen als Beispiele und nachahmenswerte Vorbilder vor Augen gestellt zu werden[111].

Aber auch den verewigten Märtyrern gebührt, ebensowenig wie den Engeln, keine göttliche Verehrung oder Anbetung. Es werden ihnen keine Tempel errichtet, es werden ihnen keine Opfer dargebracht, für sie keine Priesterkollegien eingesetzt. Sie sind ja selbst mit der ganzen Kirche "ein Opfer für Gott[112]." Nicht die Märtyrer sind wegen ihrer Wundertaten zu

110 Ibid. XVII, 20: "Hic certe agnoscimus Dei sapientiam, hoc est Verbum patri coaeternum, in utero virginali domum sibi aedificasse corpus humanum et huic, tamquam capiti membra, ecclesiam subiunxisse, martyrum victimas immolasse, mensam in vino et panibus praeparasse."

111 Sed ideo tantummodo martyrum animas commemoravit, quia ipsi praecipue regnant mortui, qui usque ad mortem pro veritate certarunt: Sed a parte totum etiam ceteros mortuos intelligimus pertinentes ad ecclesiam, quod est regnum Christi." - "Doch wenn er (der Evangelist Johannes) hier nur die Seelen der Märtyrer erwähnt, weil diese Toten, die bis zum Tode für die Wahrheit stritten, vornehmlich zum Herrschen (mit Christus) berufen sind, dann müssen wir dies, vom Teil aufs Ganze schließend, so verstehen, daß auch die übrigen Toten zur Kirche gehören, die das Reich Christi ist."

112 Ibid. XXII, 10: "Nos autem *martyribus nostris non templa* sicut diis, *sed memorias* sicut hominibus mortuis, quorum apud Deum vivunt spiritus, *fabricamus;* nec ibi erigimus altaria, in quibus sacrificemus martyribus, sed uni Deo et martyrum et nostro ... Deo quippe, non ipsis (martyribus) sacrificat (sacerdos), quamvis in memoria sacrificet eorum, quia Dei sacerdos est, non illorum: Ipsum vero sacrificium corpus est Christi, quod non offertur ipsis, quia hoc sunt et ipsi." - "Wir aber bauen unseren Märtyrern keine Göttertempel, sondern Gedächtnishallen als verstorbenen Menschen, deren Seelen bei Gott leben. Auch errichten wir dort keine Altäre, auf denen wir den Märtyrern opfern, sondern opfern dem einen, unserm und der Märtyrer Gott ... Gott opfert er (der Priester), nicht ihnen, mag er auch an ihrer Gedächtnisstätte opfern, denn er ist Gottes und nicht ihr Priester. Das Opfer aber ist der Leib Christi, der nicht ihnen dargebracht werden kann, weil sie ja selber zu diesem Leibe gehören."

preisen, sondern Gott, der in ihnen wirkt. Wenn in den Gottesdiensten der Leib Christi dargebracht wird, "werden sie wie Gottesmänner, die die Welt im Bekenntnis zu Gott überwunden haben, an ihrem Ort und der Reihe nach geannnt (*nominantur*), aber nicht von dem Priester, der das Opfer darbringt, angerufen. (*non* tamen *invocantur*)[113]".

Diese notwendigen Abgrenzungen führen jedoch nicht dazu, jeder Verehrung der Märtyrer in der Kirche eine Absage zu erteilen. Es wird ihnen vielmehr, wie wir sahen, in der christlichen Frömmigkeitspraxis ein wichtiger und legitimer Platz zugewiesen. Darum hat man ihnen Gedenkstätten (memoriae) errichtet, wie man solche ja auch anderen verstorbenen Menschen zu errichten pflegt. "Was immer für Verehrungserweise (religiosorum obsequia) von frommen Christen an den Gedächtnisstätten der Märtyrer bekundet werden - es handelt sich nur um Auszeichnungen der Gedächtnisstätten (ornamenta memoriarum), niemals um Gottesdienste (sacra) oder Opfer (sacrificia), die etwa den Verstorbenen als Göttern dargebracht würden[114]." Augustin unterscheidet immer wieder sehr streng zwischen der frommen Verehrung (veneratio), wie sie hervorragenden Gliedern (praecipuis membris) am Leibe Christi gebührt, und der gottesdienstlichen Anbetung und Darbringung des Christusleibes (cultus), die allein auf Gott gerichtet ist. Er ist sich offenbar dessen bewußt, wie leicht diese Unterscheidung in der Volksfrömmigkeit verwischt werden kann.

Was geschieht nun an den Gedächtnisstätten der Märtyrer? Nun, an ihren Gedenktagen werden die "Legenda" der Märtyrer, d.h. Abschnitte aus der Geschichte ihres Lebens, Leidens und Sterbens vorgelesen. Diese Geschehnisse gelten als Erweise göttlicher Kraft und sollen sich dem Gedächtnis der Menschen einprägen[115]. Als solche, die den guten Kampf des

---

113 Ibid. XXII, 10: "ad quod sacrificium sicut homines Dei, qui mundum in eius con fessione vicerunt, suo loco et ordine *nominantur, non tamen* a sacerdote, qui sacrificat, *invocantur*." - "Werden sie auch bei diesem Opferdienst als Menschen Gottes, die die Welt im Bekenntnis zu ihm überwunden haben, ihrem Ort und Range entsprechend *mit Namen genannt*, so werden sie *doch nicht* vom Opferpriester *angerufen*."

114 Ibid. VIII, 27: "Quaecumque igitur adhibentur *religiosorum obsequia* in martyrum locis, *ornamenta* sunt *memoriarum, non sacra vel sacrificia mortuorum tamquam deorum.*"

115 Ibid. XXII, 8: "Leguntur quippe in populis, ut credantur, nec in populis tamen nisi credita legerentur. Nam etiam nunc fiunt miracula in eius nomine, sive per sacramenta eius sive per orationes vel memorias sanctorum eius." - "Sie (die Wunderberichte) werden den Leuten vorgelesen, damit sie glauben; doch man würde sie gewiß

Glaubens bis zum Tode gekämpft haben, sind die Märtyrer mit der Ehrenkrone der treuen Zeugen geschmückt (coronati)[116]. In der Ewigkeit des Reiches Christi werden die Wunden, die sie für Christus erlitten haben, nicht als Verunstaltung (deformitas), sondern als Zeichen ihrer besonderenWürde (dignitas) erscheinen. Der Glanz ihrer Standhaftigkeit (virtus) wird aufleuchten[117].

Es ist bedeutsam, daß Augustin den Begriff des Martyriums auch für solche Zeiten anwendet, in denen das Christuszeugnis nicht im Blutopfer endet. Der Weg der Kirche ist, gemäß der heiligen Schrift, während der mühsamen Pilgrimschaft auch dann von Leiden und Verfolgungen bestimmt, "wenn äußerlich Ruhe herrscht und die, die draußen sind, nicht wider uns wüten - wie es zur Zeit ja wirklich ist[118]." In solchen Zeiten

den Leuten nicht vorlesen, wenn sie nicht glaubwürdig wären. Denn auch heute noch geschehen Wunder im Namen Christi, sei es durch seine Sakramente, sei es durch Gebete, sei es durch die Gedächtnisstätten seiner Heiligen."

116 Ibid. XXI, 26: "Persecutiones quoque, quibus martyres coronati sunt et quas patiuntur quicumque Christiani ..." - "Auch die Verfolgungen, in denen die Märtyrer ihre Kronen empfingen und die alle Christen erleiden ..."

117 Ibid. XXII, 19: "Nescio quo autem modo sic afficimur amore martyrum beatorum, ut velimus in illo regno in eorum corporibus videre vulnerum cicatrices, quae pro Christi nomine pertulerunt; et fortasse videbimus. Non enim deformitas in eis, sed dignitas erit, et quaedam, quamvis in corpore, non corporis, sed virtutis pulchritudo fulgebit ... omnia quae acciderunt corpori vitia tunc non erunt, non sunt tamen deputanda vel appellanda vitia virtutis indicia." - "Wie es zugeht, weiß ich nicht, aber in unserer großen Liebe zu den Märtyrern möchten wir gern in jenem Reiche an den Leibern der seligen Märtyrer die Narben der Wunden sehen, die sie um des Namens Christi willen erlitten, und vielleicht werden wir sie auch sehen. Denn sie verunstalten nicht, sondern verleihen Würde und lassen eine Schönheit erstrahlen, die obschon am Leibe, doch eine Schönheit nicht des Leibes, sondern der Tugend ist ... Sämtliche dem Leibe widerfahrenen Schädigungen sind dann gewiß beseitigt, aber die Tugendmale darf man nicht für Schädigungen halten oder sie so nennen."

118 Ibid. XVIII, 51: "Nam et id, quod ait idem doctor (II Tim 3,12): Quicumque volunt in Christo pie vivere, persecutionem patiuntur, nullis putandum est deesse posse temporibus. Quia et cum ab eis, qui foris sunt, non saevientibus videtur esse tranquillitas et re vera est plurimumque consolationis adfert, maxime infirmis: non tamen desunt, immo multi sunt intus, qui corda pie viventium suis perditis moribus cruciant; quoniam per eos blasphematur Christianum et catholicum nomen." - "Auch von dem, was derselbe Lehrer sagt (II Tim 3,12): 'Alle, die gottselig leben wollen in Christus, erleidenVerfolgung,' kann nicht angenommen werden, daß es zu irgendeiner Zeit ausbleiben werde. Denn wenn auch die Draußenstehenden nicht

setzt der Teufel "Menschen als Häretiker in Bewegung, die unter christlicher Flagge der christlichen Lehre widersprechen (resisterent)[119]." "Sie befinden sich zwar in der Kirche, kreuzigen aber durch ihr übles Verhalten die Herzen der Frommen und schmähen den Namen Christi und seiner Kirche[120]." "Die, welche in Christus fromm leben wollen, erleiden durch schlechtes sittliches Verhalten und durch häretische Meinungen auch dann Verfolgung, wenn niemand sie äußerlich angreift und plagt. Sie erleiden diese Verfolgungen eben nicht äußerlich, an ihrem Leibe, sondern in ihren Herzen[121]." Es gibt auch seelische Folterqualen, die ernstgenommen sein wollen.

"Aber Gott weiß auch solche Verfolgungen der Frommen in Segen zu verwandeln. Er bedient sich auch hier der Bösen, um Gutes zu wirken: Er läßt denen, die ihn lieben, alles zum Guten gereichen[122]." Schließlich müssen doch alle Feinde der Kirche, die inneren wie die äußeren, den wahren Gliedern am Leibe Christi nützen. Sie werden als "stählende Gegner" (exercentes inimici) betrachtet. Schlagen sie äußerlich Wunden, "so stählen sie die Geduld der Kirche". Vertreten sie falsche Lehren, "so stählen sie deren Weisheit". Sind sie als Feinde zu lieben, "so stählen sie deren

mehr wüten und Ruhe eingekehrt zu sein scheint, wie es zur Zeit der Fall ist - gewiß ein großer Trost, zumal für Schwache -, sind doch drinnen viele, die die Herzen der Frommen durch ihren gottlosen Lebenswandel martern; denn durch sie wird der christliche und katholische Namen gelästert."

119 Ibid.: "Videns autem diabolus templa daemonum deseri et in nomen liberantis Mediatoris currere genus humanum, haereticos movit, qui sub vocabulo Christiano doctrinae resisterent Christianae quasi possent indifferenter sine ulla correptione haberi in civitate Dei, sicut civitas confusionis indifferenter habuit philosophos inter se diversa et adversa sentientes." - "Als nun der Teufel sah, daß die Dämonentempel leer standen und das Menschengeschlecht dem Namen des rettenden Mittlers zueilte, brachte er die Häretiker auf den Plan, die unter dem Deckmantel des christlichen Namens der christlichen Lehre widersprachen; als ob man solche Leute unterschiedslos und ohne Zurechtweisung im Gottesstaate dulden könnte, wie der Staat der babylonischen Verwirrung sich unterschiedslos Philosophen verschiedener und entgegengesetzter Richtungen gefallen ließ."

120 S. Anm. 118.

121 Ibid.: "His atque huius modi pravis moribus et erroribus hominum persecutionem patiuntur, qui volunt in Christo pie vivere, etiam nullo infestante neque vexante corpus illorum. Patiuntur quippe hanc persecutionem non in corporibus, sed in cordibus."

122 Ibid.: "Etiam sic quippe veris illis catholicis membris Christi malo suo prosunt, dum Deus utitur et malis bene, et diligentibus eum omnia cooperatur in bonum."

Wohlwollen, das auch zu Wohltaten fortschreiten kann[123]." Augustin betont immer wieder: Was in den Lebensberichten der Märtyrer besonders deutlich in Erscheinung tritt, gilt im Grunde von der ganzen Kirche als der Bürgerschaft Gottes. Sie unterscheidet sich gerade durch ihr Opfersein von dem falschen Opfern der irdischen Bürgerschaft. Sie kämpft bis zum Tode für die Wahrheit, "nicht durch bewaffnete Macht, sondern durch machtvollere Geduld[124]." Dies ist von bleibender Gültigkeit für die Kirche aller Zeiten. "Während die irdische Bürgerschaft sich aus allen möglichen Dingen, auch aus Menschen, Götter schafft, um ihnen durch Opfern zu huldigen, schafft die Bürgerschaft Gottes, die als die himmlische auf Erden wandelt, keine falschen Götter, sondern wird selbst vom wahren Gott geschaffen, um selbst ihm ein wahres Opfer zu sein[125]." Die irdische Bürgerschaft steht immer wieder in der Versuchung, sich neue "Götter" zu schaffen, die ihre "Opfer" verlangen. Die Namen der vergötterten "Dinge und Menschen" mögen wechseln. Oft sind sie von zeitgenössischen Ideologien umkleidet. Neben der immer aktuellen Herrschsucht (libido dominandi) mag man heute an andere "Höchstwerte" denken - an ein rücksichtsloses Erwerbsstreben (Mammon), an unbegrenzten wissenschaftlich-technologi-

123 Ibid.: "Inimici enim omnes ecclesiae, quolibet errore caecentur vel malitia depraventur, si accipiunt potestatem corporaliter affligendi, exercent eius patientiam; si tantummodo male sentiendo adversantur, exercent eius sapientiam; ut autem etiam inimici diligantur, exercent eius benevolentiam aut etiam beneficentiam, sive suadibili doctrina cum eis agatur sive terribili disciplina." - "Denn alle Feinde der Kirche, welcher Irrtum sie auch verblenden, welche Schlechtigkeit sie auch verderben mag, erlangen sie die Macht, ihr äußeren Schaden zu tun, so stählen sie ihre Geduld; widersetzen sie sich ihr bloß mit falschen Lehrmeinungen, stählen sie ihre Weisheit; daß man sie aber auch als Feinde liebe, stählen sie ihr Wohlwollen oder auch ihre Wohltätigkeit, mag man nun mit sanfter Belehrung oder scharfer Zucht gegen sie vorgehen."

124 Ibid. XVIII, 54: "... non armata potentia, sed potentiore patentia." S. ibid. XVIII, 53: "non resistendo, sed patiendo superare..." - "nicht durch Gegenwehr, sondern durch Geduld überwinden."

125 Ibid. XVIII, 54: "(civitas terrena) fecit sibi quod voluit vel undecumque vel etiam ex hominibus falsos deos, quibus sacrificando serviret; illa autem, quae caelestis peregrinatur in terra (civitas Dei), falsos deos non facit, sed a vero Deo ipsa fit, cuius verum sacrificium ipsa sit." Vgl. ibid. VIII, 24: "Neque enim, quia deos homo faciebat, ideo non ab eis possidebatur ipse qui fecerat, quando in eorum societatem colendo traducebatur;" - "Denn hatte der Mensch die Götter auch selbst gemacht, ward er doch von ihnen besessen, da er durch ihre Verehrung in ihre Gemeinschaft hineingezogen wurde."

schen Fortschritt (Allmachtsstreben) oder an ein verabsolutiertes Freiheitsverständnis, das im Zuge der Selbstverwirklichung alle Hemmungen abbaut. (Seinwollen wie Gott) Was immer der Mensch an die Stelle Gottes setzt - er muß dafür Tribute zahlen, er muß den selbstfabrizierten Göttern "Opfer" bringen. Wenn die Kirche diese falschen Götter beim Namen nennt und ihnen die geforderten Opfer versagt, wird es zu Konflikten kommen, die im Martyrium enden können. Darum gilt die Feststellung Augustins auch heute: "Unter diesen Umständen wandert die Kirche in dieser Weltzeit ... immerfort bis zum Ende dieser Weltzeit zwischen Verfolgungen der Welt und Tröstungen Gottes dahin[126]."

---

126 Ibid. XVIII, 51: "Sic in hoc saeculo, in his diebus malis ... usque in huius saeculi finem inter persecutiones mundi et consolationes Dei peregrinando procurrit ecclesia." Vgl. Ibid. XVIII, 49. Erst nach Fertigstellung meines Manuskriptes konnte ich den Aufsatz von *Günter Bader* zur Kenntnis nehmen: "Jesu Tod als Opfer" ZThK 80 (1983) 411ff. Statt einer längeren Auseinandersetzung nur folgende kurze Bemerkung: Das einmalige und einzigartige Opfer Christi, verstanden als Hingabe, d.h. Rück- bzw. Weitergabe des von Gott Empfangenen, befreit in der Tat von dem "Wiederholungszwang" blutiger Opfer. Doch darin wird der Opferbegriff nicht "erschöpft", er braucht sich auch nicht "auszurasen", sondern er wird in seiner ursprünglichen, schöpfungsgemäßen und eschatologischen Bedeutung wiederhergestellt. Bader bietet mit seiner Erledigung des Opferbegriffes ein Beispiel dafür, wo protestantische Engführung im Verständnis des Opferbegriffes enden kann oder vielleicht sogar enden muß. Die ekklesiologischen und anthropologischen Implikationen dieses Begriffes, wie wir sie von Augustin her entfaltet haben, bleiben dabei ausgeschaltet - mit - wie ich meine - erschreckenden Folgen für das theologische Denken. Bei dem Opfer Christi, das in der Eucharistie "gefeiert" wird, geht es um nichts Geringeres als um die Menschwerdung des Menschen. Am Opfersein des Menschen, das durch das Opfersein Christi wiederhergestellt wird, wird nicht ein zu überwindender archaischer Rest humaner bzw. inhumaner Existenz sichtbar, sondern das, wozu Gott den Menschen als Geschöpf bestimmt hat.

IV. Das Opferverständnis Augustins als Beitrag zur Klärung historischer Mißverständnisse

Das für alle Zeiten gültige Wort wird in zeitgebundenen Texten niedergeschrieben, aus einer Sprache in eine andere übersetzt, in verschiedenen Denkformen zum Ausdruck gebracht und in zeitgemäßen Redewendungen weitergegeben. Gottes Wort wird durch Menschenwort zu Gehör gebracht. Daß dabei ein und derselbe Begriff nur allzu häufig von Rednern und Hörern mit unterschiedlichem Inhalt gefüllt wird, ist eine alte Erfahrung, aus der man aber leider viel zu spät in den ökumenischen Gesprächen entsprechende Konsequenzen gezogen hat. Man versucht nun, Mißverständnisse, die in früheren Auseinandersetzungen eine oft verhängnisvolle Rolle gespielt haben, zu klären und das gegenseitige Verstehen dadurch zu fördern. Die Aufgabe, solche Fehlerquellen aufzuspüren und zu beseitigen, gehört zu den Verpflichtungen, die sich aus dem Zentrum theologischer Arbeit, die ja eine Bemühung um das Wort ist, ableiten läßt.

Eine solche Fehlerquelle liegt in dem Verständnis des Opferbegriffes, wie er sich im Mittelalter herausgebildet hat.

§ 9   Berechtigte Kritik der Reformatoren an dem Opferbegriff des Mittelalters

Vergegenwärtigen wir uns zunächst die Eigenart des Opferbegriffes, wie er sich in verschiedenen Konzeptionen des Mittelalters darbietet. Es kann in diesem Zusammenhang nicht unsere Absicht sein, die verschiedenen Ausprägungen der mittelalterlichen Lehraussagen in umfassender Weise darzustellen. Wir beschränken uns auf einige bedeutsame und charakteristische Beispiele.

In klassischer Weise begegnet uns der Opferbegriff des Mittelalters bekanntlich in der Versöhnungslehre, die Anselm von Canterbury in seinem Werk "Cur deus homo" entfaltet hat[127]. Diese Lehre hat nicht nur das Mit-

---

127   Die Darlegungen über die Versöhnungslehre Anselms von Canterbury beruhen auf Primärforschungen des Verf. Im übrigen s. *Ernst Kinder*, Art. Opfer IV Dogmengesch.: RGG3 4 (1960) 1651-1656. Vgl. auch: Ökumenischer Arbeitskreis evange-

telalter beherrscht, sondern ist, auch im protestantischen Bereich, bis in die Gegenwart hinein bestimmend gewesen. In dieser Versöhnungslehre wird der Opferbegriff aus dem für Augustin wesentlichen Zusammenhang des "Empfangens und Zurück- bzw. Weitergebens" (accipere et reddere) herausgenommen und einem im Grunde juristischen Denkschema eingeordnet. Es wird ihm die in der Religionsgeschichte übliche und von Augustin überwundene Bedeutung zurückgegeben. Damit wird zugleich die Schleuse geöffnet für ein Opferverständnis, das bereits im Neuen Testament überwunden wurde.

Das Wort "Opfer" wird bei Anselm wieder verstanden als eine vom Menschen - gewiß vom Gottmenschen - ausgehende und auf Gott gerichte religiöse Leistung. Durch diese Leistung, wie sie Jesus Christus in seinem Kreuzesopfer auf sich genommen hat, wird der durch die Sünde des Menschen beleidigten Ehre Gottes Genugtuung- Satisfaktion - zuteil und die ursprünglich gerechte, aber durch die Sünde gestörte Weltordnung wiederhergestellt. Der Begriff der Satisfaktion, der in der Theologie der Alten Kirche seinen Platz einzig und allein in der Bußlehre hatte, wird nun zum zentralen Begriff der Christologie. Damit erhält die Versöhnungslehre eine Schlagseite, die dem biblischen Befund eindeutig zuwiderläuft. Nach dem Apostel Paulus ist es Gott, "der in Christus die Welt mit sich versöhnt hat, indem er den Menschen ihre Verfehlungen nicht anrechnete." (II Kor 5,19) Hier ist Gott der Ausgangspunkt der Versöhnung und der Mensch das Ziel derselben. Ein Opferbegriff, der als satisfaktorische Leistung des Menschen verstanden wird, hat im Rahmen dieser biblischen Anschauung keinen Platz. Die Weiterentwicklung des Opferbegriffes im Mittelalter liegt durchaus in der Konsequenz des Anselmschen Denkens. Das Verständnis des Opfers als einer menschlichen Leistung gegenüber Gott fand denn auch in verschiedenen Ausprägungen Eingang in die Lehre von der Eucharistie. Anselm verstand das Opfer Christi als satisfaktorischen Rechtsakt, der in der Eucharistie nachvollzogen wird. Petrus Lombardus stellt dann fest, daß Christus auf dem Altar noch einmal, nur anders geopfert wird als am Kreuz. Bei Albertus Magnus ist zu lesen, daß in der Messe nicht nur eine Repräsentation des Kreuzesopfers stattfindet, sondern eine "vera im-

lischer und katholischer Theologen, Das Opfer Jesu Christi und der Kirche, Abschließender Bericht in: *Karl Lehmann und Edmund Schlink*, Hg., Das Opfer Jesu Christi und seine Gegenwart in der Kirche, Klärungen zum Opfercharakter des Herrenmahles (Dialog der Kirchen Bd. 3) Freiburg und Göttingen 1983, 232 (4.2.4.). Hier wird mit erfreulicher Klarheit die Position vertreten, die meiner Kritik an Anselm zugrunde liegt.

molatio", also eine wahre Opferung durch den Priester. Thomas von Aquin läßt das Kreuzesopfer Christi nur noch für die Tilgung der Erbsünde wirksam sein. Für die Tilgung der täglichen Sünden ist nach ihm das Meßopfer notwendig. Nur sofern die Eucharistie in diesem Sinne als Opfer verstanden wird, hat sie satisfaktorische Kraft[128]. Wir können also feststellen: Ausgangspunkt und Richtpunkt des Versöhnungsgeschehens werden umgekehrt. Das Kreuzesopfer wird, wenn auch anders, auf dem Altar durch den Priester wiederholt. Die Einzigartigkeit und Allgenügsamkeit des Kreuzesopfers wird in Frage gestellt. Von anderen Entstellungen des biblischen Opfergedankens, wie sie sich in der Volksfrömmigkeit ausprägten, können wir absehen.

Es entspricht also durchaus dem biblischen und altkirchlichen Denken, wenn die Reformatoren, allen voran Martin Luther, sich gegen diese "horribilis profanatio" des Opferbegriffes mit aller Entschiedenheit zur Wehr gesetzt haben. Sie wandten sich vor allem dagegen, daß dieser falsche Opferbegriff in die Lehre vom Abendmahl Eingang gefunden hatte. Für das reformatorische Verständnis der Rechtfertigungslehre war es unerträglich, daß aus dem eucharistischen Opfer ein "opus hominis" gemacht wurde, welches das "einst für jedes Jetzt" vollbrachte Kreuzesopfer Jesu Christi in den Hintergrund treten ließ und schließlich zu ersetzen drohte.

Es ist verständlich, daß Luther, vor allem in den Schmalkaldischen Artikeln, gegen diesen Opferbegriff aufs heftigste polemisierte. "Solch Opfer oder Werk der Messe" war für ihn eine schreckliche "Abgötterei". Das Meßopfer als menschliches, verdienstliches Werk, das Gott versöhnen soll, wurde für ihn zum schärfsten Gegenpol dessen, was ihm in seiner reformatorischen Erkenntnis geschenkt worden war: daß das Heil den Menschen allein aus göttlicher Gnade durch das Kreuzesopfer Christi im Glauben zuteil wird[129].

Auch Melanchthon wollte das Abendmahl nicht als ein vom Menschen darzubringendes Sühnopfer verstehen, sondern als eine dem Menschen zugute kommende Wohltat Gottes (beneficium dei). Er hält es für eine Verfälschung der Lehre des Neuen Testaments, wenn an die Stelle Christi "andere Mittler und Versöhner" treten[130]. Was Melanchthon gelten läßt, sind die eucharistischen Dank- und Lobopfer (sacrificia eucharistica), die keine Satisfaktion leisten wollen, sondern von Gläubigen Gott dargebracht wer-

128 S. RGG^3 4 (1960) 1653ff.
129 AS II (de missa) BSLK (Ed. pr.) 416.
130 Apol XXIV (de missa) BSLK 366

den, die bereits mit Gott durch Christus versöhnt sind. Solche Opfer sind "Opfer des Neuen Testaments[131]".

Wie sehr sich die Reformatoren mit ihrer Kritik in Übereinstimmung mit Augustin wähnten, zeigt eine Stelle aus der Apologie des Melanchthon, die hier wörtlich zitiert werden soll: "Wiewohl wir wollten den Widersachern zu Gefallen noch die Messe wohl iuge sacrificium (ewiges Opfer) oder täglich Opfer nennen lassen, wenn sie die ganze Messe, das ist die Ceremonien mit der Danksagung, mit dem Glauben im Herzen, mit dem herzlichen Anrufen göttlicher Gnade iuge sacrificium nenneten ...[132]".

Vergegenwärtigen wir uns noch einmal den komplexen Inhalt des Opferbegriffes bei Augustin, dann wird deutlich, daß die reformatorische Kritik an dem mittelalterlichen Verständnis des Meßopfers auch von Augustin her berechtigt war. Es wird ebenso deutlich, daß der augustinische Opferbegriff von der reformatorischen Kritik nicht in Frage gestellt wird, wenngleich die Vielschichtigkeit und volle Bedeutung dieses Opferbegriffes bei den Reformatoren nur schwach anklingt.

Es gehört gewiß zu den großen theologischen Leistungen Augustins, daß er dem biblischen Verständnis der Versöhnung in Anlehnung an die kirchliche Tradition in eindrucksvoller Weise Geltung verschafft hat. Nach Augustin ist das Opfer in der Eucharistie nicht ein menschliches Werk im vorchristlichen oder mittelalterlichen Sinne. Es steht nicht im Dienste des "Do ut des"-Denkens, und es ist nicht der Versuch des Menschen, durch eine satisfaktorische Leistung Gottes Wohlwollen zu erlangen. Nicht irgend-ein Opfer des Menschen bewirkt das Wohlwollen Gottes, sondern das Wohlwollen Gottes stellt durch das einzigartige Opfersein Jesu Christi das der schöpfungsgemäßen Bestimmung entsprechende Opfersein des Menschen wieder her. Gott läßt das sich "extra nos" (außerhalb unserer selbst) vollziehende Christusgeschehen als "pro nobis" (für uns) vollbrachtes Opfer "in nobis" (in uns) sakramental und existentiell wirksam werden.

Wenn das zentrale Anliegen der Reformatoren darin bestand, an der Einzigartigkeit und Allgenügsamkeit des Opfers Christi festzuhalten, dann kann festgestellt werden, daß dieses Anliegen in dem Opferverständnis Augustins, das wir in den vorangegangenen Kapiteln dargelegt haben, voll zur Geltung kommt.

131 Ibid. 356.
132 Ibid. 360.

§ 10 Die Befangenheit der reformatorischen Kritik in der Struktur des mittelalterlichen Opferbegriffes

Es ist von protestantischer Seite zuzugeben, daß die reformatorische Kritik an der Verwendung des mittelalterlichen Opferbegriffes in der Abendmahlslehre aus einer Position heraus erfolgte, der die negative Abhängigkeit von diesem Begriff nicht hinlänglich bewußt war und die mit ihrer Polemik über das Ziel hinausschoß. Statt den Opferbegriff zu korrigieren, hat man ihn aus der Abendmahlslehre weithin eliminiert. In den entsprechenden Artikeln der Bekenntnisschriften blieb er der Passion Christi vorbehalten, wurde aber für die Messe (Eucharistie) bewußt vermieden[133].

Luther bewegt sich in seinen frühen Schriften zum Abendmahl noch weitgehend in augustinischen Gedankengängen[134]. Auch in seiner Christologie hat er den von Anselm geprägten Opferbegriff nicht übernommen, sondern die Motive der altkirchlichen Versöhnungslehre auf erfrischende Weise neu zur Geltung gebracht: Gottes Liebe kämpft in Jesus Christus mit dem Satan um den Menschen. In diesem Kampf geht es darum, den Menschen aus der "schrecklichen Gefangenschaft der Sünde" zu befreien. Am Kreuz und in der Auferstehung Jesu Christi wird in diesem Kampf der endgültige Sieg errungen. Dieser Sieg wird in der Verkündigung des

---

133 S. CA X (de coena Domini) u. XXIV (de Missa) BSLK 62 u. 91. Ebenso AS II (de Missa) u. VI (de sacramento altaris) BSLK 416 u. 450ff.

134 S. "Ein Sermon von dem neuen Testament, d.i. von der heiligen Messe, 1520", BoA I, 313: "Drumb sollen wir des worts opffer wol warnehmen / das wir nit vermessen, etwas gott zu geben in dem sacrament / so er uns alle dingk gibt / Wir sollen geystlich opffern / die weyl die leiyplichen opffer abgangen / und in kirchen klöster / spetal gutter verwandelt seyn. *Was sollen wir den opffern? Uns selb* / und allis was wir haben mit pleyssigem gepeet ... und wie woll / solchs opffer auch aussen der meß geschicht un geschehen soll / denn es nit nötlich un weßenlich zur meß gehört / wie gesagt ist / ßo ists doch köstlicher / fuglicher / stärcker / unnd auch angenehmer wo es mit dem hauffen und in der sammlung geschicht / da eyns das ander / reyzt / bewegt und erhitzt ... Das ist wol war / solche gepeet / lob / danck / un *unser selbs* opffer / *sollen wir nit durch uns selbs fur tragen fur gottis augen* / *sondern auff Christum legen und yhn lassen dasselb furtragen.*" Die Begründung dafür, das Selbstopfer auch in der Messe geschehen zu lassen, ist mehr psychologisch als theologisch und kann als Vorstufe für die spätere Ausschaltung des Opferbegriffes aus der Abendmahlslehre verstanden werden. Daß das Selbstopfer ein Zurückgeben des zuvor Empfangenen, also die Konsequenz des singulären Opfers Christi ist, wird nicht deutlich, obwohl diese Konsequenz dem Denken Luthers entspricht.

Evangeliums proklamiert, und in der Spendung der Sakramente erhalten die Gläubigen Anteil an diesem Sieg[135]. Die Selbsthingabe Jesu Christi für unsre Sünden zielt also darauf, "daß er uns errettete von dieser gegenwärtigen, argen Welt nach dem Willen Gottes, unseres Vaters[136]."

Es versteht sich von selbst, daß Luther einen Opferbegriff, der als menschliche Satisfaktionsleistung gegenüber Gott verstanden wurde, mit aller Entschiedenheit ablehnen mußte. Er war für die Beschreibung des Erlösungswerkes, wie er es verstand, völlig untauglich. Dieser Opferbegriff konnte ebensowenig in der Abendmahlslehre verwandt werden. Ja, gerade hier mußte sich die Unbrauchbarkeit dieses Begriffes erweisen. Wenn es im Abendmahl darum geht, daß die Früchte des Erlösungswerkes Christi an die Gläubigen ausgeteilt und von ihnen empfangen werden ("Sündenvergebung, Seligkeit und neues Leben"), dann kann damit der Gedanke an eine menschliche Leistung gegenüber Gott nicht in Übereinstimmung gebracht werden.

Liest man die frühen Schriften Luthers zur Abendmahlstheologie, dann gewinnt man den Eindruck, daß aus den hier vorliegenden Anklängen an augustinische Gedankengänge sich eine andere Entwicklung hätte ergeben können[137]. Ich meine die Möglichkeit, im Zusammenhang der Corpus-Christi-Theologie das einzigartige Opfer Christi mit dem Opfer der Christen zu verbinden, ohne den Unterschied zwischen beiden aufzuheben. Daß diese Möglichkeit von Luther nicht wahrgenommen wurde, hängt

---

135 S. AS III (de poenitentia) BSLK 438: "Econtra evangelium affert consolationem et remissionem non uno tantum modo, sed per verbum, sacramenta et similiter ... ut ita redemptio apud Deum sit copiosa ... contra horrendam captivitatem peccati." - "Wiederum gibt das Evangelion nicht einerleiweise Trost und Vergebung, sondern durch Wort, Sakrament und dergleichen ... auf daß die Erlösung ja reichlich sei bei Gott wider die große Gefängnis der Sunden." Sünde wird von Luther nicht als eine Eigenschaft, sondern als eine Gefangenschaft des Menschen verstanden. Die Wiederaufnahme der altkirchlichen Motive des Kampfes und der Befreiung durch Luther ist vor allem von der skandinavischen Lutherforschung herausgearbeitet worden. Ich verweise auf die Arbeiten von *Gustaf Aulén, Ragnar Bring, Vilmos Vajta* und *Gustaf Wingren*. S. Lit. In diesem Zusammenhang ist auch auf Luthers Lieder hinzuweisen, etwa EKG 239,7: "ich geb mich selber ganz für dich, da will ich für dich ringen ... uns soll der Feind nicht scheiden." Oder EKG 76,4: "Es war ein wunderlich Krieg, da Tod und Leben rungen; das Leben behielt den Sieg, es hat den Tod verschlungen."

136 Gal. 1,4.

137 S. Anm. 134.

wohl auch damit zusammen, daß er in den sich immer mehr verschärfenden Kämpfen an den verschiedensten Fronten (Rom, Schwärmer, Erasmus, Zwingli) sich genötigt sah, seine unaufgebbare reformatorische Erkenntnis unter allen Umständen festzuhalten und zu verteidigen. Auf dieser Gratwanderung wurde er in einem solchen Maße von dem Gegenpol des mittelalterlichen Opferverständnisses fixiert, daß er dann in den Schmalkaldischen Artikeln "das Opfer und Werk der Messe" nur noch als "das schrecklichste Greuel" bezeichnen konnte[138].

Im Unterschied zu Luther hatte Melanchthon keine Bedenken, das Anselmsche Verständnis des Versöhnungswerkes Christi und den dazu gehörenden Opferbegriff in seine christologischen Aussagen zu übernehmen. Dies wird in dem III. Art. der Confessio Augustana deutlich. Danach zielen Inkarnation und Passion Jesu Christi darauf, "daß er ein Opfer wäre, nicht allein für die Erbsünde, sondern auch für alle anderen Sünden, und Gottes Zorn versöhnet[139]..." In Art. XXIV desselben Bekenntnisses werden die Begriffe Opfer und Genugtuung direkt miteinander verbunden und dazu benützt, die Bedeutung des Leidens Christi zu beschreiben: "passio Christi fuit oblatio et satisfactio[140]." Diese Definition entspricht genau dem, was wir als das wesentliche Element der Versöhnungslehre Anselms von Canterbury festgestellt haben. Das Opfer Christi ist eine Satisfaktionsleistung, die darauf gerichtet ist, Gott zu versöhnen. Dieses Verständnis des Opfers Christi hat das religiöse Allgemeinbewußtsein des Mittelalters beherrscht. Es ist das Verständnis des Opfergedankens, das Augustin in der Tradition biblischen Denkens überwunden hatte.

Wurde dieses Verständnis des Opfergedankens (sacrificium als satisfactio) in die Abendmahlstheologie aufgenommen, dann mußte der Opfergedanke ganz streng und ausschließlich auf das Opfer Christi bezogen und eingegrenzt werden. Die Konkurrrenz zwischen dem Opfer, das Christus auf Golgatha vollzog, und dem Opfer, das der Priester in der Messe darbrachte, war für reformatorisches Denken unerträglich und mußte zu Gunsten des einzigartigen und allgenugsamen Opfers Christi aufgehoben werden. Heilsbedeutung konnte nur dem Opfer Christi zugebilligt werden.

Diese Überzeugung wurde von Melanchthon ebenso vertreten wie von Luther. Ob dieses Opfer Christi als satisfaktorische Leistung gegenüber

---

138 AS II BSLK 416.

139 CA III (De filo Dei) BSLK 53: "ut reconciliaret nobis patrem et hostia esset ..." - "daß er uns den Vater versöhnte und ein Opfer sei ..."

140 CA XXIV (De missa) BSLK 93: "daß kein Opfer fur Erbsunde und andere Sunde sei dann der einige Tod Christi". Im Dt. fehlt der Begriff satisfactio.

Gott vollbracht wurde, so Melanchthon, oder ob es als erlösende Liebestat Gottes den Menschen zugewandt wurde, so Luther, diese Frage blieb zwischen den beiden Reformatoren als unausgeglichene Verschiedenheit im Raume stehen.

In der Abendmahlslehre blieb für beide wichtig, daß in dem von Christus befohlenen Gedächtnismahl die Früchte bzw. Wohltaten Gottes den Gläubigen vermittelt wurden: gemeinsame Teilhabe an der Sündenvergebung, Trost des Evangeliums für die angefochtenen Gewissen und Stärkung des Glaubens[141]. Der durch die Identifizierung mit dem Satisfaktionsgedanken belastete Opferbegriff mußte den Reformatoren mehr und mehr unbrauchbar erscheinen. Er wurde in der Abendmahlslehre möglichst ganz vermieden, in der Christologie auf das Kreuzesgeschehen eingegrenzt und bei den Gläubigen auf das Dank- und Lobopfer reduziert. Die bei Augustin vorhandene Fülle der Gesichtspunkte für das vielschichtige Opfergeschehen der Eucharistie verschwand aus dem Blickfeld. Daraus folgte dann zwangsläufig jene Verengung der Abendmahlslehre und Abendmahlspraxis auf das Karfreitagsgeschehen, das wir weithin bis zum heutigen Tage zu beklagen haben.

Das Defizit in der reformatorischen Abendmahlslehre ist im übrigen nicht nur auf die Verfälschung des Opfergedankens durch den Satisfaktionsbegriff zurückzuführen, sondern hängt auch mit der Tatsache zusammen, daß der Corpus-Christi-Gedanke zwar allgemein anerkannt und vielfach vorausgesetzt wurde, aber in seinen theologischen Konsequenzen nicht hinlänglich durchdacht worden ist.

Es ist erfreulich, daß die kontroversen Positionen der Reformationszeit in den letzten Jahrzehnten sowohl von evangelischer wie von katholischer Seite kritisch überprüft worden sind[142]. So hat etwa der dänische Lutheraner Regin Prenter bereits im Jahre 1955 festgestellt: "Es scheint mir unleugbar, daß die Kritik der Meßopferlehre in jener einfachen Form, die wir in der Confessio Augustana art. 24 finden, nicht mehr haltbar ist[143]." Und der katholische Theologe Erwin Iserloh konnte 1960 feststellen, daß die katholischen Theologen der Reformationszeit weitgehend unfähig waren, das Meßopfer in angemessener Weise zu verteidigen[144]. Regin Prenter hat in seiner Dogmatik aus den kontrovers-theologischen Erör-

---

141 Ibid.

142 *Peter Meinhold* und *Erwin Iserloh*, Abendmahl und Opfer, Stuttgart 1960.

143 *Regin Prenter*, Das Augsburgische Bekenntnis und die römisch-katholische Meßopferlehre, in: KuD 1 (1955) 42-58.

144 *Peter Meinhold* und *Erwin Iserloh* a.a.O. 80.

terungen der letzten Jahrzehnte positive Konsequenzen gezogen. In hervorragender Weise handelt er hier vom Abendmahl unter der Überschrift: "Das Opfermahl der Vollendung[145]." Neben den Ergebnissen der dogmengeschichtlichen und kontrovers-theologischen Arbeiten werden von Prenter auch die Ergebnisse der exegetischen Forschung systematisch verarbeitet.

Von besonderer Bedeutung ist das Dokument, das als "abschließender Bericht" von dem Ökumenischen Arbeitskreis evangelischer und katholischer Theologen über "Das Opfer Jesu Christi und der Kirche" vorgelegt wurde. Es kommt zu einem Ergebnis, das nicht nur mit dem übereinstimmt, was wir von Augustin her entfaltet haben, sondern unsere Kritik an dem mittelalterlichen Opferverständnis bestätigt: "Wenn also vom Opfer am Kreuz oder von seiner Vergegenwärtigung und Zuwendung in der Eucharistie gesprochen wird, dann geht es grundlegend zunächst darum, die Hingabebewegung von Gott zu den Menschen wahrzunehmen, zu empfangen und dafür zu danken. Innerhalb dieses Tuns Gottes zu unserem Heil ist deshalb die menschliche Hinwendung zu Gott gefordert und ermöglicht, die in die Teilnahme an Gottes Hinwendung zur Welt übergeht[146]." In dieser gemeinsamen Erklärung kommt das zum Ausdruck, was Augustin meint, wenn er die qualitativ notwendige Unterscheidung zwischen dem singulären Opfer Jesu Christi und dem universalen Opfer der Kirche durch die Feststellung ergänzt, daß beide im "Totus Christus-Caput et Corpus" untrennbar miteinander verbunden sind[147].

§ 11 Der Mangel an sprachlichen Differenzierungsmöglichkeiten und seine Behebung

Wenn in eucharistischen Gebeten der katholischen Kirche gesagt wird, daß die Kirche das Opfer Christi darbringt, dann führt dies häufig zu Mißverständnissen, die mit einem sprachlichen Problem zusammenhängen.

---

145 *Regin Prenter*, Schöpfung und Erlösung, Dogmatik Bd. 2, Göttingen 1960, 462-479.

146 *Karl Lehmann* und *Edmund Schlink* Hg., Das Opfer Jesu Christi und seine Gegenwart in der Kirche, Klärungen zum Opfercharakter des Herrenmahles, in: Dialog der Kirchen, Bd. 3, Freiburg u. Göttingen 1983, Abschließender Bericht 232. (4.2.4.) s. Anm. 123.

147 S. §§ 6 u. 7.

Was die Frage nach dem hier handelnden Subjekt angeht, kann zunächst festgestellt werden: Das Handeln der Kirche geschieht kraft des priesterlichen Amtes Christi, das als allgemeines Priestertum alle Gläubigen umschließt und das im besonderen Priestertum des ordinierten Amtes Christus selbst repräsentiert. Im sakramentalen Handeln der Kirche ist Christus selbst am Werk. Von daher sind beide Aussagen möglich: daß Jesus Christus die Kirche als universales Opfer Gott darbringt; ebenso kann gesagt werden, daß die Kirche Christus als das singuläre Opfer Gott darbringt. Beide Aussagen könnnen nur richtig verstanden werden, wenn man sie nicht aus dem Rahmen der Corpus-Christi-Theologie herauslöst, wo Haupt und Leib aufs engste miteinander verbunden sind und zugleich streng voneinander unterschieden werden. Wie bei der Geburt eines Menschen - so Augustin - der Kopf normalerweise zuerst den Mutterleib verläßt und die Glieder dann ganz selbstverständlich diesem "Beispiel" folgen, so ist es auch mit Christus und seiner Kirche: was mit dem vorangehenden (praecedere) Haupte geschieht, das wird auch mit den nachfolgenden (sequi) Gliedern des Leibes Christi geschehen[148].

Zu dieser grundsätzlichen Feststellung kommt nun aber noch ein sprachliches Problem, das hier entfaltet und für die gegenseitige Verständigung fruchtbar gemacht werden soll. Wir können bei der deutschen Wiedergabe der griechischen und lateinischen Wörter für "Opfern" eine Unterscheidung vornehmen, die in diesen Sprachen selbst so nicht möglich ist, woraus sich viele historische Mißverständnisse und Kontroversen ergeben haben.

In einem der drei neuen eucharistischen Hochgebete der römisch-katholischen Kirche heißt es: "Offerimus tibi, gratias referentes, hoc sacrificium vivum et sanctum." In Übersetzung: "So bringen wir dir mit Lob und Dank dieses heilige und lebendige Opfer dar[149]."

Wenn wir dies richtig verstehen wollen, ohne gleich in protestantische Empörung auszubrechen, dann muß klargestellt werden: Mit der *Darbringung* eines Opfers ist keineswegs der *Vollzug* eines Opfers identisch. Das hier sich immer wieder ergebende Mißverständnis hängt damit zusammen, daß sowohl im Griechischen wie im Lateinischen üblicherweise Wörter verwendet werden, die beide Vorgänge bezeichnen können: "Prospherein" bzw. "offerre". Diese Verba werden gebraucht für zwei sehr wohl zu un-

---

148 S. meine Arbeit, Totus Christus, Studien über Christus und die Kirche bei Augustin, Diss. Bonn 1956, 101-116.

149 Der große Sonntags-*Schott*, Freiburg, Basel, Wien 664.

terscheidende Aktivitäten: einmal für "ein Opfer darbringen"und zum andern für "ein Opfer vollziehen." Im Theologischen Wörterbuch zum Neuen Testament wird dies von dem Neutestamentler K. Weiß klar unterschieden[150].

a) Ein Opfer *darbringen* heißt die Übergabe des zu Opfernden an den Priester bzw. ein Opfer zum Altar bringen. So Mt. 5,23 und Mt. 1,44.

b) Ein Opfer *vollziehen* bezeichnet den Akt der Durchführung eines Opfers, das von einem andern dargebracht sein kann. Dieser Vollzug des Opfers geschieht normalerweise nur durch den Priester.

In letzterem Sinne werden die Verba "prospherein" und "offerre" vor allem im Hebräerbrief gebraucht. Hier ist es Jesus Christus, der zugleich Priester und Opferlamm, Subjekt und Objekt des Opfergeschehens ist. Er vollzieht das Opfer nicht an einem fremden Objekt, sondern an sich selbst. Ob ein Opfer dargebracht oder vollzogen wird, muß jeweils aus dem Zusammenhang eines Textes erschlossen werden. Dies bereitet bei dem "offerimus tibi" im römischen Meßbuch keine Schwierigkeiten. Es kann nur so verstanden werden: Das von Jesus Christus ein für allemal an sich selbst *vollzogene* Kreuzesopfer wird als Opfer für Gott und die Menschen in der Eucharistie *dargebracht*.

Daraus ergibt sich für das Opfern am Vorabend der Kreuzigung folgende Interpretation: Es handelt sich um ein "Darbringen", mit dem Jesus Christus *vor* seinem Tode auf den *bevorstehenden Vollzug* seines Kreuzesopfers hinweist. Was beim letzten Mahl Jesu mit seinen Jüngern geschah, ist ein "Akt vollmächtiger Antizipation[151]".

Bei den Wiederholungen der Mahlfeier *nach* seinem Tode weist Jesus Christus als der Auferstandene und Gegenwärtige durch den Mund des ordinierten Amtsträgers auf das nun *zurückliegende* Kreuzesopfer hin. Sowohl bei dem "Hinweis" wie auch bei dem "Rückverweis" handelt es sich um "Darbringungen", die vom "Vollzug" des Opfers zu unterscheiden sind.

Während der Vollzug des Kreuzesopfers ein Werk der Liebe Gottes ist, das er in Christus zu unserer Versöhnung vollbringt, weist jede Darbringung auf dieses Liebesopfer Gottes hin und ist zugleich auf Gott gerichtet. Dabei können sowohl Christus als auch die Kirche als Subjekte der Aussage in Erscheinung treten, da sie in der Einheit des "Totus Christus" als Haupt und Leib aufs engste miteinander verbunden sind. Was immer die

150 ThWNT, IX, 68.
151 S. *Peter Meinhold u. Erwin Iserloh*, a.a.O. 91 u. 94.

Kirche Gott *darbringt*, ist nichts anderes als das, was Gott als Opfer seiner Liebe in Christus für uns *vollbracht* und *vollzogen* hat.

Mit der Darbringung des vollzogenen Opfers im Sakrament ist verbunden die Spendung (erogatio) an die Gemeinde und die Verkündigung (annuntiatio) dieses Opfertodes an die Welt. (I Kor 11,26)

Weil wir Gott nichts anderes darbringen können als das, was er uns zuvor in dem Liebesopfer Christi gegeben hat, ist jede Darbringung mit Lob- und Danksagung verbunden, was die griechische Bezeichnung für das Herrenmahl, "Eucharistia", in angemessener Weise zum Ausdruck bringt.

Von der Richtigkeit des von uns aufgezeigten doppelten Verständnisses der lateinischen und griechischen Verba für "opfern" kann der Blick in jedes Lexikon überzeugen. "Offerre" heißt nicht nur "opfern", sondern in erster Linie "entgegenbringen, darbieten, vorlegen, zeigen, hinweisen auf." Und "prospherein" heißt ebenfalls nicht nur "opfern", sondern zunächst einmal "hinzutragen, darbieten, vorlegen, zeigen[152]." Daß diese Unterscheidung zwischen dem auf Golgatha *vollzogenen* Opfer und dem in der Eucharistie *dargebrachten* Opfer Christi dem Denken Augustins entspricht, kann durch folgende Hinweise belegt werden. In seiner Schrift "Contra Faustum" heißt es: "Deshalb feiern nun die Christen das Gedächtnis dieses *vollbrachten* Opfers durch die hochheilige *Darbringung* und die *Teilgabe* an dem Leib und Blut Christi[153]." Obwohl das Verbum "offerre" noch im vorhergehenden Satz undifferenziert gebraucht wird, geht aus dieser Aussage sehr deutlich hervor, daß Augustin sehr wohl im Sinne unserer Darlegungen zu unterscheiden weiß: Das einst für jedes Jetzt vollbrachte Opfer (peractum sacrificium) wird von der Kirche gefeiert (celebrant). Dabei geschieht Darbringung an Gott (oblatio) und Teilgabe bzw. Teilnahme (participatio kann beides bedeuten) am Leibe Christi durch die Gläubigen. Zwischen dem einmal vollbrachten und dem immer wieder darzubrin-

---

152 Der kleine *Stowasser*, lat.-dt. Schulwörterbuch, Leipzig 1928, 346. *Benseler-Kaegi*, Griech.-dt. Schulwörterbuch, Leipzig 1926, 794. S. *Johannes Betz*, Die Eucharistie in der Zeit der griechischen Väter, Bd. I, 1, Freiburg 1955, 319ff.: Die Prosphora. - *Karl Suso Frank*, Zum Opferverständnis in der alten Kirche, in: Karl Lehmann u. Edmund Schlink a.a.O. 46. Danach hat Justin das "prospherein" von Brot und Wein noch ganz im technischen Sinne verwandt.

153 C. Faust. 20,18: "Unde iam Christiani *peracti* eiusdem *sacrificii* memoriam *celebrant* sacrosancta *oblatione* et *participatione* corporis et sanguinis Christi."

genden Opfer besteht "Ähnlichkeit" (similitudo), das eine ist ein "Abbild" (imago) des anderen[154].

Ich meine, daß mit diesen Darlegungen die Einwände aus dem Wege geräumt sind, die der evang. Theologe Schmidt-Lauber gegen die Formulierungen im III. Eucharistischen Gebet des römischen Meßbuches vorgebracht hat[155]. Er schreibt als Lutheraner: "Unsere Frage muß sein: Ist der geopferte Christus die Gabe, die die Kirche Gott darbringen darf, kann und soll? Daß wir auf das Opfer Christi weisen, uns vor Gott darauf berufen, ist gut neutestamentlich. Aber liegt in Formulierungen wie diesen nicht eine Vertauschung vor von Geber und Empfänger?" Es sollte nun endlich zugestanden werden, daß mit dem Darbringen eines Opfers nichts anderes gemeint ist als das, was Schmidt-Lauber als "gut neutestamentlich" bezeichnet: das Hinweisen auf das, was Gott in Christus für uns getan hat. Gerade auch die Fortsetzung dieses Gebetes (Respice ... in oblationem Ecclesiae tuae ...) bestätigt unsere Interpretation[156]. Von einer Vertauschung von "Geber und Empfänger" kann nicht die Rede sein. Die Kirche kann Gott nichts anderes darbringen, zurückgeben, vorzeigen als das, was sie zuvor von ihm empfangen hat.

Die Richtigkeit unserer Interpretation der katholischen Texte ergibt sich auch aus folgenden Ausführungen in der Einführung zum neuen katholischen Meßbuch. Das folgende Zitat erfordert die volle Aufmerksamkeit vor allem protestantischer Leser: "Das Kreuzesopfer kann nicht wiederholt werden. Es braucht auch nicht wiederholt zu werden; denn durch das eine Opfer Christi sind wir ein für allemal erlöst und geheiligt. Aber eben dieses eine Opfer ist es, das Jesus beim Mahl in der Nacht vor seinem Leiden

---

154 Lexikalischer Befund: peragere = durchführen, vollenden, vollbringen; participare = teilnehmen lassen, teilen, teilhaben. S. c. Faust. 20,21: "Huius sacrificii caro et sanguis *ante adventum* Christi per victimas similitudinem *promittebatur, in passione Christi* per ipsam veritatem *reddebatur, post ascensum Christi* per sacramentum memoriae *celebratur.*" - "Was durch die alttestamentlichen Opfer auf Grund einer gewissen Ähnlichkeit *vor der Ankunft Christi verheißen* wurde, was *nach der Himmelfahrt Christi* in der Kirche durch das sakramentale Gedächtnismahl *gefeiert* wird, hat seinen realen Wahrheitsgrund *in der Passion Christi*, in der das von Gott empfangene als vollbrachtes Opfer *zurückgegeben* wird."

155 *Hans Schmidt-Lauber*, Das eucharistische Hochgebet in der römisch-katholischen Kirche heute, WPKG 66 (1977), 30.

156 Der Große Sonntags-*Schott*, 664: "Schau gütig auf die Gaben deiner Kirche. Denn sie stellt dir das Lamm vor Augen, das geopfert wurde und uns nach deinem Willen mit dir versöhnt hat."

dargebracht und mit seinen Jüngern in der Gestalt eines Mahles *gefeiert* hat. Und in dieser Form will *er* es durch die Jahrhunderte hindurch *mit ihnen* feiern, so daß alle in personaler Gemeinschaft *mit ihm in seine Opferhingabe eintreten können.* Darum gab er den Auftrag: Tut dies zum Gedenken an mich. (Luk. 22,19; I. Kor. 11,24.25)[157"] Damit muß der alte protestantische Einwand, im römischen Meßopfer handele es sich um eine vom Priester vorgenommene unblutige Wiederholung des blutigen Kreuzesopfers, als endgültig erledigt angesehen werden. Dies wird auch in den "Gesichtspunkten", die das Kirchenamt der EKD für Stellungnahmen zu dem Limadokument herausgegeben hat, mit erfreulicher Eindeutigkeit anerkannt[158]. Die Bedenken, die an dieser Stelle noch gegen die Begriffe "Opfer" und "Darbringung" vorgebracht werden, hoffen wir durch unsere Darlegungen und Klärungen beseitigen zu können. Es sollte mittlerweile auch klar sein, daß das, was in der Eucharistie geschieht, nicht als "verdienstliches, menschliches Opfer oder Werk" im Sinne der reformatorischen Polemik verstanden werden kann.

Es ist erfreulich, daß auch der Lima-Text über die Eucharistie die von uns vollzogene Begriffsklärung in allen Aussagen bestätigt. Wo immer es sich um die Eucharistie als das "memorial" an das einzigartige Opfer Christi handelt, wird das Verbum "vollbringen" gebraucht. (LE 5,6,8) Dieses einmalige Opfer wird in der Eucharistie vergegenwärtigt und "für die ganze Menschheit vor den Vater gebracht." (LE, 8K) Es wäre zu wünschen, daß alle Teilnehmer an ökumenischen Gesprächen von der Möglichkeit dieser sprachlichen Differenzierung Gebrauch machen wollten.

Der gegenwärtige Stand der ökumenischen Diskussion kann hinsichtlich des Opferbegriffes so dargestellt werden: Es besteht Einmütigkeit darüber, daß die Kirche bzw. der Priester nicht ein Opfer vollzieht oder vollbringt, sondern das einmal vollzogene, vollbrachte Opfer Christi vor Gott darbringt. Dieses Darbringen wird nicht verstanden als ein wiederholendes oder nachvollziehendes Tun, sondern als ein gegenwärtigsetzender, aktualisierender Hinweis auf das, was Gott in Jesus Christus zum Heile aller Menschen ein für allemal getan hat. Dabei ist überall als selbstverständlich vorausgesetzt, daß Christus als der Auferstandene und Gegenwärtige in der Kirche bzw. in seinen Dienern handelt. Im Handeln der Kirche handelt Christus selbst als das Haupt seines mit ihm verbundenen Leibes.

Die Erkenntnisse, die wir durch die Entfaltung der Corpus-Christi-Theologie bei Augustin gewonnen haben, sind nun mit den Ergebnissen des

157 Ibid. 32.
158 S. Anm. 9.

Lima-Dokumentes zu vergleichen und für die Eucharistielehre fruchtbar zu machen. Dabei hoffen wir, daß die terminologischen Abklärungen auch zur Überwindung sachlicher Gegensätze beitragen können.

V. Das Opfersein Christi und das Opfersein der Kirche in der Feier der Eucharistie - ein Beitrag zur Rezeption der Konvergenzerklärungen von Lima

In den nun folgenden Erörterungen sollen die bei Augustin gewonnenen Erkenntnisse mit den Aussagen der Lima-Texte verglichen werden. Dabei können Hinweise auf Texte von heutigen Autoren hilfreiche Bestätigungen bieten.

§ 12 Das Gedenken an den Vollzug des singulären Opferseins Christi; seine Darbringung vor Gott, seine Verkündigung an alle Menschen und seine Austeilung an die Gläubigen in der Feier der Eucharistie

Das grundlegende Ereignis für die Feier der Eucharistie ist der *Vollzug des Opferseins* (sacrificium peractum), das Jesus Christus in seinem ganzen Dasein vollbracht hat[159]. In diesem Opfersein hat Jesus Christus die schöpfungsgemäße Bestimmung des Menschen in geschichtlicher Wirklichkeit bis zur eschatologischen Vollendung durchgehalten. Bereits seine Herablassung in die Niedrigkeit menschlich-irdischer Existenzweise gehört zu diesem Opfersein. Er hat es in seinem Reden und Handeln verwirklicht. In seinem Kreuzestod, in seiner Auferstehung und Himmelfahrt hat er es vollendet. Sein Opfersein wird gewiß im Kreuzesgeschehen auf besonders eindringliche Weise sichtbar, umfaßt aber den ganzen Lebensvollzug von der Inkarnation bis zur Himmelfahrt. Ja, es gilt auch für seine interpellierende Tätigkeit zur Rechten Gottes. In allen Phasen dieses Geschehens ist er als Opferpriester und als Opferlamm, als Subjekt und als Objekt wirksam. Alle einzelnen Lebensakte sind als Äußerungen dieses in Gott be-

---

159 Ich bin mir darüber im klaren, daß das Opfer*sein* Christi in der liturgischen Sprache als Opfer schlechthin bezeichnet werden muß. Auch die Lima-Texte tun dies. Die theologische Klarheit verlangt jedoch im Einklang mit den augustinischen Texten, daß wir, soweit erforderlich, vom Opfer*sein* reden, das nicht nur den Akt des Opferns meint, sondern den im Schöpfungswillen Gottes gegebenen Urgrund menschlichen Seins bezeichnet. S. dazu *Rudolf Schneider*, Seele und Sein, Stuttgart 1959.

gründeten Seins zu verstehen; in ihnen tritt das ursprüngliche und endgültig wiederhergestellte Sein in Erscheinung. Was immer Jesus Christus in seinem Opfersein vollbracht hat, wird in der gottesdienstlichen *Feier* (celebratio) *der Eucharistie* als *"Anamnese"* zur Sprache gebracht. Er selber, Jesus Christus, setzt in der Einheit mit seiner Kirche all das gegenwärtig, was das Heilsgeschehen in seiner ganzen Fülle umschließt.

Diese Aussagen finden in den Texten des Lima-Dokumentes ihre Entsprechung[160]. So heißt es LE 5: "Die Eucharistie ist das Gedächtnis (Memorial) des gekreuzigten und auferstandenen Christus, d.h. das lebendige und wirksame Zeichen seines Opfers, das ein für allemal am Kreuz vollbracht wurde und das weiterhin für alle Menschen wirksam ist." Und LE 6: "Christus selbst ist mit allem, was er für uns und die gesamte Schöpfung vollbracht hat (in seiner Menschwerdung, seiner Erniedrigung, seinem Dienst, seiner Unterweisung, seinem Leiden, seinem Opfer, seiner Auferstehung und Himmelfahrt und indem er den Geist sandte) in dieser 'Anamnese' gegenwärtig und schenkt uns Gemeinschaft mit sich. Die Eucharistie ist auch der Vorgeschmack seiner Parusie und des vollendeten Gottesreiches."

Der Kommentar zu LE 8 bietet uns die Möglichkeit, den Begriff des *"Sühnopfers"* so zu verstehen, daß das reformatorische Anliegen Luthers voll zur Geltung kommt. Hier wird als Meinung katholischer Theologie festgestellt, "daß es nur eine Sühne gibt, das einmalige Opfer am Kreuz, das in der Eucharistie vergegenwärtigt und in der Fürbitte Christi und der Kirche für die ganze Menschheit vor den Vater gebracht wird." Diese Verbindung von Kreuzesopfer und Fürbitte, in der das Opfersein und das Opferhandeln Christi im umfassenden Sinne zum Ausdruck gebracht wird, läßt den Begriff der Sühne verstehen als jenes Geschehen, das Gottes Liebe in Jesus Christus zur Rettung seiner Schöpfung vollbracht hat und das in die Gegenwart und in die Zukunft hinein wirksam ist. Wenn dieses Geschehen von der Kirche in der Einheit mit Christus fürbittend "für die Ganze Menschheit vor den Vater gebracht wird", dann kann damit nur jene "Darbringung" (oblatio) gemeint sein, die wir als legitimen Bestandteil des eucharistischen Opfers bezeichnet haben[161]. Der Begriff des Sühnopfers (man denke an das Weihnachtslied: "Christ ist erschienen, uns zu versühnen") kann sich dabei sowohl auf die Vollbringung des Kreuzesopfers auf Golgatha als auch auf die Darbringung desselben in der Eucharistie beziehen, ohne die Bedeutung einer satisfaktorischen Leistung annehmen zu

---

160 Die Hinweise auf die Artikel des Lima-Dokumentes bringen wir im Text.
161 S. § 11.

müssen. In diesem Sinne befreit uns das Sühnopfer Christi von den bösen Konsequenzen unseres bösen Tuns und wird als Geschenk der Sündenvergebung und des neuen Lebens in uns wirksam. Es versöhnt uns mit Gott, nimmt uns in den Frieden Gottes hinein und schenkt uns das "Unterpfand des ewigen Lebens." (LE 2, 8 K) Der Gedanke, dieses einst für jedes Jetzt vollzogene Sühn- bzw. Versöhnungsopfer könne oder müsse von der Kirche "wiederholt" werden, wird LE 8 ausdrücklich zurückgewiesen: "Was nach Gottes Willen in der Menschwerdung, in Leben, Tod, Auferstehung und Himmelfahrt Christi vollbracht wurde, wiederholt er nicht. Diese Ereignisse sind einmalig und können weder wiederholt noch zeitlich ausgedehnt werden." Das feierliche Gedenken an dieses einzigartige Opfer Christi, das in jeder Eucharistie erneuert wird, entspricht der ausdrücklichen Anweisung Jesu Christi: "Tut dies zu meinem Gedächtnis."

Bei der Erneuerung dieses Gedächtnisses will Christus selbst als der auferstandene und erhöhte Herr dabei sein. So heißt es LA 14: "In der Feier der Eucharistie sammelt, lehrt und erhält Christus die Kirche. Es ist Christus, der zum Mahle einlädt und ihm vorsteht." Dem entspricht das Bekenntnis der Kirche LE 13: "Die Kirche bekennt Christi reale, lebendige und handelnde Gegenwart in der Eucharistie."

Mit der Anamnese des einmal vollbrachten Opfers Christi ist die *Darbringung* (oblatio) vor Gott verbunden. In dieser Darbringung wird nicht der Vollzug des Opfers wiederholt, sondern das Gedenken an eben diesen Vollzug. Mit der Darbringung wird Gott auf das, was er in Christus für uns getan hat, hingewiesen. Dementsprechend heißt es im eucharistischen Hochgebet der Lima-Liturgie: "Vereint mit Christus, unserem Hohenpriester, bringen (present) wir dir dieses Gedächtnis dar: Erinnere dich, so bitten wir, des Opfers deines Sohnes, und gewähre allen Menschen die Wohltaten des Erlösungswerkes Christi." Vgl. auch LE 4.

Mit der Darbringung ist die *Fürbitte* (interpellatio, Röm 8,34) verbunden. Dem entspricht LE 8: "Die Eucharistie ist das Sakrament des einzigartigen Opfers Christi, der ewig lebt, um Fürsprache für uns einzulegen."

Und schließlich geschieht mit der Darbringung zugleich auch die *Verkündigung* (annuntiatio) an alle Menschen. Diese Verkündigung geschieht also nicht nur in der Predigt, sondern die Mahlfeier als solche ist, wie der Apostel Paulus I Kor 11, 26 sagt, Verkündigung: "So oft ihr von diesem Brot esset und von diesem Kelch trinket, verkündigt ihr des Herrn Tod, bis daß er kommt." Die mit der Anamnese und der Fürbitte verbundene Darbringung ist, so LE 7, "die wirksame Verkündigung der Kirche von Gottes großen Taten und Verheißungen." Darbringung mit Anamnese,

Verkündigung und Fürbitte münden ein in die Einladung zur Participation und Kommunion. Was Christus als singuläres Opfer für uns vollbracht hat, was wir in der Einheit mit ihm in jeder Feier der Eucharistie darbringen, wird den Gläubigen zum Essen und Trinken *ausgeteilt*: sein für uns geopferter Leib, sein für uns vergossenes Blut in den Gestalten von Brot und Wein. Demgemäß heißt es LE 15: "Kraft des lebendigen Wortes Christi und durch die Macht des heiligen Geistes werden Brot und Wein die sakramentalen Zeichen des Leibes und Blutes Christi. Sie bleiben dies für den Zweck der Kommunion." Der einst vollbrachten Selbstaufopferung folgt nun die Selbstmitteilung. Christus gibt uns Anteil an dem, was er selbst ist und für uns getan hat. Dies meint der Begriff "participatio", der sowohl den Vorgang der Teilgabe und Teilnahme wie auch den Tatbestand der Teilhabe bezeichnet. Was Christus uns gibt, was wir von ihm empfangen und nehmen, daran haben wir auch Anteil. Dies wird in LE 19 zum Ausdruck gebracht: "Das Teilhaben am einen Brot und gemeinsamen Kelch an einem bestimmten Ort macht deutlich und bewirkt das *Einssein* der hier Teilhabenden *mit Christus* und mit den anderen mit ihnen Teilhabenden zu allen Zeiten und an allen Orten. In der Eucharistie findet die Gemeinschaft des Volkes Gottes ihre volle Darstellung. Eucharistische Feiern haben es immer mit der ganzen Kirche zu tun, wie auch die ganze Kirche an jeder einzelnen Feier der Eucharistie beteiligt ist." Hier wird mit erfreulicher Klarheit die Gemeinschaft (communio) unter den Christen aus der Teilhabe (participatio) an Christus abgeleitet, wie dies für Augustin selbstverständlich ist: "Alle, die an diesem Gut (d.i. Gott) in gleicher Weise Anteil haben, bilden mit dem, dem sie anhangen, und miteinander eine heilige Gemeinschaft und sind der eine Gottesstaat und zugleich Gottes lebendiges Opfer und lebendiger Tempel[162]."

---

162 Civ. XII, 9: "Hoc bonum (sc. adhaerere Deo) quibus commune est, habent et cum illo cui adhaerent et inter se sanctam societatem et sunt una civitas Dei eademque vivum sacrificium eius vivumque templum eius." S. auch ibid. XVII, 20: "Participem autem fieri mensae illius, ipsum est incipere habere vitam." - "An seinem Tisch Anteil haben, das heißt anfangen, das Leben zu haben." ibid.: "... corpus eius offertur et participantibus ministratur." - "Sein Leib wird als Opfer dargebracht und den Teilnehmern gereicht." Für die dogmengeschichtliche Entwicklung ist die Tatsache von folgenschwerer Bedeutung geworden, daß das griechische Wort koinonia, das korrekt übersetzt "Gemeinschaft durch Anteilnahme" (communio durch participatio) bedeutet, in der lat. Tradition fast nur mit "communio" wiedergegeben wird. Die Auswirkungen reichen vom Verständnis des Apostolischen Glaubensbekenntnisses ("communio sanctorum" meint nach der griechischen Tradition zunächst die

Wir fassen zusammen: In dem vergegenwärtigenden Gedenken (celebratio memoriae) des einmal vollbrachten Opfers Christi (sacrificium peractum), in der immer zu wiederholenden Darbringung (oblatio) dieses Opfers vor Gott, in der damit verbundenen Verkündigung (annuntiatio, praedicatio) an alle Menschen und in der Anteilgabe (participatio) an die Gläubigen ist die "Eucharistie das Sakrament des einzigartigen Opfers Christi, der ewig lebt, um Fürsprache für uns einzulegen." (LE 8)

Daraus ergibt sich zum ersten folgender Befund:

Im eucharistischen Opfermahl feiert der auferstandene Jesus Christus mit seiner Kirche das von ihm einst für jedes Jetzt vollbrachte singuläre Opfer. Er bringt es in der Einheit mit seiner Kirche immer wieder Gott dar und läßt es allen Menschen verkündigen. Er teilt es durch seine Diener als seinen Leib und als sein Blut in den Gestalten von Brot und Wein an die Gläubigen aus.

§ 13 Das danksagende und lobpreisende Empfangen des singulären Opfers Christi und die Verwandlung der Kirche in das universale Opfer

Das von Jesus Christus vollzogene, von Christus und seiner Kirche dargebrachte und den Menschen verkündigte Opfersein Christi wird den Gläubigen ausgeteilt und macht sie zu Empfangenden. Bereits damit werden sie in die schöpfungsgemäße Situation hineinversetzt. Danach hat der Mensch sein Leben nicht aus sich heraus, sondern er empfängt es von Gott. Indem Menschen dieses Empfangen mit Danksagung und Lobpreis vollziehen, wird in ihnen das ursprüngliche Sein des Menschen, das sich im Empfangen und Zurück- bzw. Weitergeben ereignet, wiederhergestellt.

Danksagung und Lobpreis sind gewiß auch als menschliche Antworten zu verstehen, wenn man darunter nicht das Reagieren eines von Gott unabhängigen, selbständigen religiösen Subjektes versteht, sondern die ursprüngliche Beziehung zwischen hervorrufendem Wort und hervorgerufener Ant-Wort im Auge behält. Als Echo des Wortes hängt das Antworten auf ursprüngliche Weise mit dem, was empfangen wird, zusammen. Augustin sagt von denen, die Jesus Christus als das Wort Gottes in der Eu-

Anteilnahme an den "sancta", d.h. den heiligen Gaben der Eucharistie, woraus dann die Gemeinschaft der Heiligen [Personen] erwächst.) bis hin zu dem Kirchenbegriff Schleiermachers. S. *Werner Elert*, Abendmahl und Kirchengemeinschaft in der alten Kirche hauptsächlich des Ostens, Berlin 1954.

charistie "gegessen und getrunken" haben: "Sie sind von dem, was sie in sich aufgenommen haben, so erfüllt, daß sie Lobgesänge aus sich hervorquellen lassen und niemals darin erlahmen[163]." Das lateinische Verbum "ructare", das wir hier mit "hervorquellen-lassen" wiedergegeben haben, heißt eigentlich "rülpsen, ausspeien", bezeichnet also einen biologischen Vorgang, der den engen Zusammenhang zwischen Empfangen und Lobpreisen besonders drastisch zum Ausdruck bringt. Hier wird deutlich, "wie alle ontologischen Aussagen Augustins in den Lobpreis Gottes einmünden, der alles Sein als die Verwirklichung des unergründlichen Schöpferwillens und der schöpferischen Weisheit Gottes versteht und erhebt[164]." Bestätigt wird dieser Zusammenhang auch von Eberhard Jüngel, der in seinen Thesen zum Opferbegriff feststellt: "Im Danken betätigt sich der Christ originär[165]." Die Eucharistie als Danksagung und Lobpreis ist also nicht etwas, das der Feier des Abendmahls von uns hinzugefügt würde, sondern das, was sich aus dem neu empfangenen Sein als selbstverständliche Lebensäußerung ergibt.

Ist einmal klar geworden, daß sich das Danken und Lobpreisen aus dem als Opfersein verstandenen schöpfungsgemäßen Sein wie selbstverständlich ergibt, dann werden alle Bemühungen von protestantischer Seite, das Opfer der Christen auf das Loben und Danken zu beschränken, als überflüssig erkannt. Wenn Opfersein mit dem Geschöpfsein im ursprünglichen Sinne identisch ist, dann braucht es nicht den Anspruch einer "religiösen Sonderexistenz" zu erheben, wie Jüngel feststellt. Es hat die"Würde des Selbstverständlichen" wiedergewonnen[166]. Loben und Danken sind Lebensäußerungen des Opferseins schlechthin, denn im schöpfungsgemäßen und durch Christus wiederhergestellten Opfersein des Menschen ist die einzige Chance gegeben, das Sein zu bewahren und es vor der Zerstörung zu retten.

Von daher ist es zu begrüßen, wenn der Lima-Text die Eucharistie als das Fest der großen Danksagung und des Lobpreises bezeichnet. LE 3 heißt es: "Die Eucharistie, die immer beides, Wort und Sakrament, umschließt, ist Verkündigung und Feier der Taten Gottes. Sie ist die große *Danksagung* an den Vater für alles, was er in Schöpfung, Erlösung und

163 Serm. 59,3,6: "sed bibentes unicum Verbum unde impleti ructant laudes, et non deficiunt in laudibus."

164 *Peter Meinhold* im Nachwort zu *Rudolf Schneider* a.a.O. 234.

165 *Eberhard Jüngel*, Thesen zum Opferbegriff, Diakonie, Sondernr. Stuttgart 1981, 4-6.

166 A.a.O.

Heiligung vollbracht hat, für alles, was er heute in der Kirche und in der Welt trotz der Sünden der Menschen vollbringt, für alles, was er vollbringen wird, wenn er sein Reich zur Vollendung bringt. So ist die Eucharistie der *Lobpreis* (berakah), durch den die Kirche ihre Dankbarkeit gegenüber Gott für alle seine Wohltaten zum Ausdruck bringt." Dem entspricht es, daß auch in der Lima-Liturgie, wie in den eucharistischen Hochgebeten üblich, die Anamnese von Danksagung und Lobpreis umschlossen ist.

Wenn es in der Eucharistie um die Wiederherstellung des ursprünglichen Seins der ganzen Schöpfung geht, dann erscheint es durchaus als sinnvoll, daß LE 4 sagen kann: "Die Eucharistie ist das große Lobopfer, durch das die Kirche *für die ganze Schöpfung* spricht ... So bezeichnet die Eucharistie, was *die Welt werden soll*: Gabe und Lobpreis für den Schöpfer, eine *universale Gemeinschaft im Leibe Christi*, ein Reich der Gerechtigkeit, der Liebe und des Friedens im Heiligen Geist." Damit dieses Ziel erreicht werden kann, bedarf es freilich dessen, was LE 4 in der Mitte sagt: *"Christus vereint die Gläubigen mit sich* und schließt ihre Gebete in seine eigene Fürsprache ein, so daß *die Gläubigen verwandelt* und ihre Gebete angenommen werden."* Dieser Gedanke wird im Kommentar zu LE 13 K erläutert: "Unter den Zeichen von Brot und Wein ist die tiefste Wirklichkeit *das ganze Sein Christi*, der zu uns kommt, um uns zu speisen und *unser gesamtes Sein zu verwandeln."* Und LE 26 heißt es: "Da die Eucharistie völlig Gabe Gottes ist, bringt sie in die Gegenwart eine *neue Wirklichkeit*, die die Christen in das Bild Christi *verwandelt* und sie daher zu seinen wirksamen Zeugen macht."

Über die Wandlung der Elemente Brot und Wein in Leib und Blut Christi wird im Kommentar zu LE 15 K festgestellt, daß hierüber noch verschiedene Meinungen bestehen. Einmütigkeit herrscht indes über die Aussage LE 15: "Kraft des lebendigen Wortes Christi und durch die Macht des heiligen Geistes werden Brot und Wein die sakramentalen Zeichen des Leibes und Blutes Christi. Sie bleiben dies für den Zweck der Kommunion." Die lange strittige Frage, wie die Wandlung der Elemente zu verstehen sei, kann man auf sich beruhen lassen, wenn darüber Einmütigkeit besteht, daß, wie es in einem eucharistischen Gebet heißt, "Brot und Wein für uns Leib und Blut Christi" sind.

Es ist bedeutsam, daß das Schwergewicht in den Lima-Texten auf der Verwandlung der Gläubigen liegt, was dem altkirchlichen und augustinischen Denken entspricht[167]. Voraussetzung dieser Verwandlung ist die

---

167 Diese Gedanken waren auch dem jungen Luther nicht fremd. S. dazu *Erich Vogelsang*, Die Anfänge von Luthers Christologie, Berlin und Leipzig 1929, 141: "In

Vereinigung mit Christus. Sie betrifft unser "gesamtes Sein" und schafft in uns als neue Wirklichkeit das Bild Christi.

Damit werden in dem Lima-Dokument Gedanken ausgesprochen, die uns von Augustin her vertraut sind und die wir wie folgt zusammenfassen können: Wir empfangen den Leib Christi, d.h. seinen einzigartigen Opferleib, und wir werden in das hinein verwandelt, was wir empfangen, wir werden der universale Opferleib Christi, d.h. Kirche. Dieser Gedanke steht im Mittelpunkt der augustinischen Abendmahlslehre: Aus den vielen Empfangenden wird ein Leib in Christus. Dabei geht es um den Empfang einer neuen Seinsweise, die durch das Dasein in der Hingabe für Gott und für den Nächsten charakterisiert ist. Das singuläre Opfersein Christi wird in seiner für alle Menschen geltenden Bedeutung dadurch zur Geltung gebracht, daß die Empfangenden ein universales Opfer werden, das Christus als das Haupt seines Leibes für Gott und alle Menschen darbringt. Die Singularität des Opferseins Christi erfährt in dem Opferwerden der Kirche jene auf alle Menschen hinzielende Universalität, die von vornehereim in ihrer Bestimmung angelegt ist. Universal wird dieses Opfersein der Kirche also deshalb genannt, weil es das singuläre Opfersein Christi in seiner Bedeutung für alle Menschen zur Geltung bringt. In diesem Sinne ist das universale Opfer der Kirche ein allumfassendes, sich über die ganze Erde hin erstreckendes und das heißt ein katholisch-ökumenisches Opfer.

Dazu noch einige wichtige Klarstellungen: Das Opfersein der Kirche tritt nicht in Konkurrenz zu dem Opfersein Jesu Christi; es ist ja nichts an-

---

diese sich selbst aufopfernde Liebe zieht Christus die Seinen hinein. Indem er uns in sich selbst Gott als Opfer darbringt, werden wir Gott dargebracht." Es ist erfreulich, daß in "Herrenmahl", 58, als gemeinsame katholisch-evangelische Anschauung festgestellt wird: "Die Glieder des Leibes Christi sind durch Christus so mit Gott und miteinander vereinigt, daß sieTeilhaber werden an seiner Anbetung, seiner Selbsthingabe, seinem Opfer für den Vater. Durch dieses Einswerden zwischen Christus und den Christen bringt die Abendmahlsgemeinde Christus dar, indem sie einwilligt, in der Kraft des heiligen Geistes durch ihn dem Vater dargebracht zu werden." S. auch das eucharistische Gebet der Lima-Liturgie: "Vereint mit Christus, unserem Hohenpriester, bringen wir dir dieses Gedächtnis dar: Erinnere dich, so bitten wir, des Opfers deines Sohnes, und gewähre allen Menschen die Wohltaten des Erlösungswerkes Christi ... Da wir jetzt gespeist werden mit Christi Leib und Blut zur Vergebung unserer Sünden und als ein Angeld auf das ewige Leben, bitten wir dich, gütiger Gott, uns mit deinem heiligen Geist zu erfüllen, daß wir ein Leib und ein Geist in Christus seien, ein lebendiges Opfer zum Lob deines Ruhmes."

deres als das singuläre Opfersein Christi, das im Opfersein der Kirche in seiner universalen Bedeutung zur Geltung kommt. Das Opfersein Christi bedarf auch keiner Ergänzung; wohl aber bedarf es dessen, daß es für alle Menschen verkündigt und in seinen Auswirkungen sichtbar gemacht wird. Das universale Opfer der Kirche ist auch in keiner Weise ein heilbringendes und versöhnendes Opfer; es gibt nur das in existentieller Weise weiter, was es durch das allein heilbringende Opfer Christi empfangen hat und geworden ist.

In diesem Zusammenhang ist von höchster Bedeutung, was der Lima-Text über das Amt Ziffer 17 sagt: "Jesus Christus ist der einzigartige Priester des neuen Bundes. Christi Leben wurde als Opfer für uns alle gegeben. Im abgeleiteten Sinne kann die Kirche als Ganze als eine Priesterschaft beschrieben werden. Alle Glieder sind berufen, ihr *ganzes Sein* als ein lebendiges Opfer darzubringen und für die Kirche und das Heil der Welt zu beten." Im Kommentar dazu werden dann, um alle Mißverständnisse etwa im Sinne einer Mitwirkung der Kirche beim Heilsgeschehen auszuschalten, noch folgende Klarstellungen vorgenommen: " ... Wie Christus sich selbst geopfert hat, so bringen Christen ihr ganzes Sein als lebendiges Opfer dar. Wie Christus fürbittend vor dem Vater eintritt, so treten Christen fürbittend für die Kirche und das Heil der Welt ein. Dennoch dürfen die Unterschiede zwischen diesen beiden Arten des Priestertums nicht übersehen werden. Während Christus sich selbst als einzigartiges Opfer ein für allemal für das Heil der Welt hingab, müssen die Glaubenden ständig das als eine Gabe Gottes empfangen, was Christus für sie getan hat." (LA 17 K) Das universale Opfersein der Kirche, verstanden als eine Funktion des singulären Opferseins Jesu Christi, zielt also auf das Opfersein der ganzen Welt. In der Kirche, wie sie in der eucharistischen Liebesgemeinschaft in Erscheinung tritt, kommt das zur Darstellung, "was die Welt werden soll: Gabe und Lobpreis für den Schöpfer, eine universale Gemeinschaft im Leibe Christi, ein Reich der Gerechtigkeit, der Liebe und des Friedens im Heiligen Geist." (LE 4) Dieser Gedanke wird biblisch begründet mit dem Hinweis auf Röm 15,16, wo der Apostel Paulus von seinem Dienst sagt, er nehme ihn wahr, "um wie ein Priester den Dienst am Evangelium Gottes zu versehen, damit die Heiden ein Opfer werden, das Gott wohlgefällig ist, geheiligt durch den heiligen Geist." (LA 17 K)

Die Voraussetzung dafür, daß dies geschehen kann, wird LE 10 im Anschluß an Röm 12,1 ff. und I Petr 2,5 genannt: "In Christus bringen wir uns selbst dar als ein lebendiges und heiliges Opfer in unserem täglichen Leben; dieser geistliche Gottesdienst, der Gott gefällt, wird in der Eucharistie genährt, in der wir in Liebe geheiligt und versöhnt werden, um Diener der Versöhnung in der Welt zu sein."

Augustin hat den Verwandlungsprozeß, der in der Kirche anhebt und auf die Erneuerung der gesamten Schöpfung hinzielt, mit verschiedenen Begriffen umschrieben. Neben den Verben "reficere, revertere, restituere" benützt er auch das Verbum "reformare", um die Verwandlung und Erneuerung der Schöpfung, die Wiederherstellung des ursprünglichen Seins, zu beschreiben: "Wo wir also wiederhergestellt werden (reformamur), damit wir nicht dieser Weltzeit gleichgestaltet werden (conformemur), dort werden wir dem Sohne Gottes gleichgestaltet (conformamur)[168].

Diese Wiederherstellung (restitutio) der Schöpfung hat Augustin auch im Auge, wenn er sagt, "daß die Welt der Kirche, d.h. dem Leibe des Herrn eingegliedert werden soll[169]." Das Wachsen (incrementum), der Aufbau (aedificatio) des Leibes Christi, der Kirche, ist kein Selbstzweck. Er ist auf die Erneuerung (renovatio) des gesamten Kosmos gerichtet. Das letzte Ziel des erhöhten Christus besteht darin, seinen Leib, die Kirche, so aufzubauen, daß durch diesen Aufbau und im Vollzug seines Wachstums das gesamte All, der Weltleib, zu Christus hinwächst und in ihm sein Haupt findet[170].

Aus alledem ergibt sich als zweites:

Im eucharistischen Opfermahl empfängt die Kirche immer wieder danksagend und lobpreisend das singuläre Opfersein Christi. Sie wird dadurch verwandelt in den universalen, katholisch-ökumenischen Opferleib Christi, in dem angezeigt wird, was die gesamte Schöpfung werden soll: eine universale Gemeinschaft im Leibe Christi.

§ 14 Die eucharistische Darbringung des Opfers Christi und des Opfers der Kirche als sakramentale Vorwegnahme des totalen Opfers

Im sakramentalen Geschehen der Eucharistie wird nach Augustin eschatologische Existenz Ereignis: "In der totalen Einheit mit seinem Haupte ist

---

168 Civ. XXII, 16: "ubi ergo reformamur, nec conformemur huic saeculo, ibi conformamur Dei filio."

169 Serm. 149,6,7: "ut tamquam cibus mundus incorporaretur ecclesiae, hoc est corpori Domini". Vgl. civ. XXII, 15 u. 18. S. meine Arbeit, Totus Christus § 13, 204.

170 S. *Heinrich Schlier*, Der Brief an die Epheser, Düsseldorf 1957, 206ff.

der Leib Christi ein Christus[171]." In dieser Einheit des singulären Opfers Christi mit dem universalen Opfer der Kirche entbirgt sich das Endgültige im Vorläufigen. Dies ist das Geheimnis des Glaubens: Was als künftige Wirklichkeit einmal sein wird, kommt im dankbaren Empfangen und in der gläubigen Hingabe sakramental zur Darstellung: Ihr seid nun der Opferleib, den ihr in seiner singulären Existenzweise empfangen habt, in seiner universalen Existenzweise, in seiner Wirksamkeit für alle Menschen.

Gewiß ist schon das singuläre Opfer Christi ein Ganzopfer. Er hat seine ganze ungeteilte Existenz "bis zum Tode am Kreuz" in der Hingabe an Gott und die Menschen gelebt. Aber die Darbringung dieses einzigartigen Ganzopfers in der Eucharistie findet ihre konsequente Fortsetzung in dem Opfer, in dem alle Christen sich selbst mit Leib und Seele als Glieder am Leibe Christi Gott darbringen und hingeben. "Güter und Gaben, was wir nur haben, alles sei Gotte zum Opfer gesetzt; die besten Güter sind unsre Gemüter ... [172]" So sprechen wir in unseren Gebeten und Liedern das aus, was sich aus dem im dankbaren Empfangen erneuerten Sein ergibt. Die zur Eucharistie versammelte Gemeinde bringt sich in der Einheit mit Christus als ein ungeteiltes ganzes Opfer Gott dar bzw. wird von Christus Gott dargebracht.

Es besteht kein Anlaß, diese Darbringung der Kirche als eines ganzen ungeteilten Opfers in der Einheit des Christusleibes aus dem sakramentalen Geschehen der Eucharistie auszuklammern. Man sollte nicht aus lauter Furcht vor einer falschen Vermengung das dankbare "Zurückgeben" (reddere) von dem dankbaren "Empfangen" (accipere) trennen. Wenn wir von Christus und seinem heilbringenden Opfersein unser neues Sein empfangen, dann ist es selbstverständlich, daß wir dieses neue Sein, das gewiß keinen heilbringenden Charakter hat, in der Feier der Eucharistie ganz an Gott zurückgeben. Dies gehört zur "Fülle" Christi, daß wir sakramental ganz in seine eschatologische Existenz hineingenommen werden, d.h. in die Existenz dessen, der im Empfangen und im Zurück- bzw. Weitergeben ursprüngliche Bestimmung und endzeitliche Vollendung in sich erfüllt hat, "für uns", um uns an dem, was er vollbracht hat, teilhaben zu lassen.

---

171 Civ. XVII, 4: "Quis ergo est christus Christi? ... Omnes quippe unctos eius chrismate recte christos possumus dicere; quod tamen totum cum suo capite corpus unum est Christus." - "Wer also ist der Gesalbte des Gesalbten (der Christus des Christus)? ... In der Tat, wir können alle, die mit seinem Salböl gesalbt sind, mit Recht Gesalbte nennen; doch so, daß der ganze Leib zusammen mit seinem Haupte ein Christus ist." Vgl. ibid. XVII, 5. S. meine Arbeit, Totus Christus, § 8, 122ff.

172 EKG 346, 3.

Die christologisch-ekklesiologische Konzeption Augustins, die im "Totus Christus caput et corpus" ihr Zentrum hat, findet im "Totum sacrificium esse", das singuläres Opfersein Christi und universales Opfersein der Kirche in sich vereinigt, ihren eschatologisch-sakramentalen Höhepunkt. Es ist nicht ein gebrochenes, geteiltes Heil, das Christus uns vermittelt, sondern die ganze Fülle des perfekten, vollkommenen Opferseins, wie es in der Auferstehungswelt offenbar werden wird, die in der Eucharistie sakramental vorweggenommen wird[173]. Mit anderen Worten: Die Wirklichkeit des eschatologischen Seins ist im "Geheimnis des Glaubens" ebenso verborgen, wie - reformatorisch gesprochen - die Rechtfertigung des gottlosen Sünders.

Als Vorwegnahme des Zukünftigen wird die Eucharistie auch in den Texten von Lima verstanden. In Ziffer LE 1 wird die Eucharistie als "Vorwegnahme des Hochzeitsmahles des Lammes (Apk 19,9)" bezeichnet. Sie "vermittelt die Liebe, mit der Christus die Seinen bis zur Vollendung liebte" (Joh 13,1). LE 16 heißt es: "Die Eucharistie ist der Vorgeschmack seiner (Christi) Parusie und des vollendeten Gottesreiches." Dies wird in LE 7 durch die Feststellung bestätigt: "Die Anamnese, in der Christus durch die freudige Feier seiner Kirche handelt, ist somit Vergegenwärtigung wie Vorwegnahme."

Im Kommentar zu LE 13 K wird festgestellt: "Viele Kirchen glauben, daß durch diese Worte Jesu und durch die Kraft des Heiligen Geistes Brot und Wein der Eucharistie in einer wirklichen, wenngleich geheimnisvollen Weise der Leib und das Blut des auferstandenen Christus werden, d.h. des lebendigen Christus, der in seiner ganzen Fülle gegenwärtig ist. Unter den Zeichen von Brot und Wein ist die tiefste Wirklichkeit das *ganze Sein Christi*, der zu uns kommt, um uns zu speisen und *unser gesamtes Sein* zu verwandeln." Hier wird sehr deutlich zum Ausdruck gebracht, daß wir es in der Eucharistie mit dem auferstandenen Christus zu tun haben, der uns *ganz* in seine eschatologische Existenz hineinnimmt.

Was sakramental mit allen Christen in der Eucharistie geschieht, verwirklicht sich existentiell in besonderer Weise in der totalen Lebenshingabe der Märtyrer. Das Mysterium des Glaubens wird hier vor aller Welt sicht-

---

173 Civ. XXII, 18, zu Eph 4,10-16: "Ecce qui est vir perfectus, caput et corpus, quod constat omnibus membris, quae suo tempore *complebuntur*, cotidie tamen eidem corpori accedunt, dum aedificatur ecclesia:" - "Da sieht man, wer der vollkommene Mann ist, nämlich das Haupt und der Leib, der aus allen Gliedern besteht, die zu seiner Zeit vollzählig sein werden, jetzt aber noch täglich dem Leibe sich anfügen, bis der Bau der Kirche vollendet ist."

bar. Das für diese Weltzeit charakteristische Wechselspiel von Gewalt und Gegengewalt wird im Tode der Märtyrer durch eine Leidensgemeinschaft überwunden, in der Christusgemeinschaft als Gemeinschaft mit dem Gekreuzigten in Erscheinung tritt. Indem die Märtyrer auf das irdische Heil verzichten, legen sie Zeugnis ab für ihre Gewißheit, am ewigen Heil in der Gemeinschaft mit dem auferstandenen Christus teilzuhaben. So vollendet sich im Tode der Märtyrer eschatologisches Sein als Opfersein bereits in der irdischen Existenzweise. Die Darbringung als universales Opfer im eucharistischen Geschehen, die alle Christen an sich erfahren, beruft und bevollmächtigt sie dazu, auch den Vollzug des existentiellen Ganzopfers im Martyrium an sich geschehen zu lassen. Es ist derselbe Gott, der in Jesus Christus "das Geopfertwerden der Märtyrer sich vollziehen läßt und der den Tisch mit Wein und Brot bereitet[174]." So ist für Augustin das martyrologische Geschehen mit dem sakramentalen verbunden. Die Bereitung des Abendmahlstisches geschieht zur feiernden Vergegenwärtigung und Darbringung des durch Jesus Christus vollzogenen singulären Opfers und zur Darbringung des universalen Opfers der Kirche, das die Bereitschaft des einzelnen Christen zum existentiellen Vollzug dieses Ganzopfers in sich einschließt.

In diesem Sinne haben alle Christen am Opfersein und am Priestersein Christi Anteil, wovon LA 17 redet. Als Opfernde und Geopferte sind sie zugleich aktiv und passiv beteiligt. So ist das universale, auf das Ganze der Menschheit hinzielende Opfer der Kirche mit dem die Lebenshingabe einschließenden totalen Opfer verbunden und wird vom singulären Opfer Christi abgeleitet.

Daß vom Priestertum Christi und von dem Priestertum aller Gläubigen in den Limatexten geredet wird (LA 17), ist gut neutestamentlich und auch für protestantisches Verständnis geläufig. Doch muß hervorgehoben werden, daß sich nicht nur in der Person Jesu Christi das Opfersein aus dem Priestersein ergibt, sondern daß auch das Priestertum aller Gläubigen auf das universale und totale Opfersein aller Gläubigen hinzielt. Dies wird in dem Kommentar zu LA 17 auf eindrucksvolle Weise dargetan: "Das Priestertum Christi und das Priestertum der Getauften haben jeweils die Funktion des Opfers und der Fürbitte. Wie Christus sich selbst geopfert hat, so bringen Christen ihr ganzes Sein als lebendiges Opfer dar. Wie Christus fürbittend vor dem Vater eintritt, so treten Christen fürbittend für die Kirche und das Heil der Welt ein."

---

174 S. § 8, insbes. Anm. 110.

Der Unterschied zwischen dem Priestertum Christi und dem Priestertum der Gläubigen wird einige Zeilen später durch eine m.E. hilfreiche Begriffsbestimmung erläutert: Dem "einzigartigen erlösenden Priestertum Christi" entspricht das "korporative Priestertum des Volkes Gottes". Die Gläubigen sind universales und totales Opfer nur, sofern sie dieses Opfersein vom singulären Opfersein Christi immer wieder neu empfangen und in sich wirken lassen. Die Übereinstimmung dieser Ausführungen in den Lima-Texten mit dem, was wir bei Augustin festgestellt haben, ist erstaunlich. Es wird zugleich deutlich, daß das Opferverständnis, wie es uns in den Lima-Texten begegnet, altkirchlicher Tradition entspricht[175]. Im eucharistischen Opfergeschehen sind die christologischen und ekklesiologischen Elemente wohl unterschieden, aber doch untrennbar miteinander verbunden. Die Zusammengehörigkeit des priesterlichen Opferseins Christi und der Kirche kommt als sakramentale Vorwegnahme der eschatologischen Vollendung in den Blick. Diese Vollendung wird im existentiellen Ganzopfer der Märtyrer auf eine solche Weise sichtbar, die selbst unter den Bedingungen dieses Weltzeitalters als Ausnahme betrachtet werden kann. Die Bereitschaft zu solchen Opfern, die in der sakramentalen Darbringung angezeigt wird, wird jedoch nicht immer und überall auch im Vollzug des Martyriums verwirklicht. Die Unterscheidung zwischen dem vollzogenen Ganzopfer Christi und dem sakramental dargebrachten Opfer der Kirche läßt die Frage offen, wie sich das Opfersein der Kirche im alltäglichen Lebensvollzug der Kirche und der Christen gestaltet. Dieser offenen Frage wollen wir im nächsten Kapitel unsere besondere Aufmerksamkeit widmen.

Das Ergebnis der Erörterungen dieses Abschnitts fassen wir in einer dritten These wie folgt zusammen:

Im eucharistischen Opfergeschehen werden das singuläre Opfer Christi und das universale Opfer der Kirche so zur Einheit im "Totus Christus caput et corpus" miteinander verbunden, daß sie als ganzes, perfektes, voll-

---

175 Civ. XX, 10: "Sed erunt sacerdotes Dei et Christi et regnabunt cum eo mille annis (Apk 20,6): non utique de solis episcopis et presbyteris dictum est, qui proprie iam vocantur in ecclesia sacerdotes; sed sicut omnes christos dicimus propter mysticum chrisma, sic omnes sacerdotes, quoniam membra sunt unius sacerdotis." - "Sie werden Priester Gottes und Christi sein und mit ihm herrschen tausend Jahre (Apk 20,6): dies gilt nicht allein von den Bischöfen und Presbytern, die man jetzt in der Kirche im eigentlichen Sinne Priester heißt. Sondern wie wir alle Christen Gesalbte nennen wegen der geheimnisvollen Salbung, die sie empfangen, so auch alle Priester, da sie Glieder des einen Priesters sind." Vgl. LA 4.

*endetes eschatologisches Opfer Gott sakramental dargebracht werden,
womit die Zukunft der herrlichen Vollendung vorweggenommen wird.*

VI. Das Opfersein der Kirche und der einzelnen Christen im alltäglichen Lebensvollzug als dankbarer Dienst in der noch nicht erlösten Welt und als Zuversicht vermittelnde Hoffnung auf die von Gott verheißene Wiederherstellung seiner Schöpfung

§ 15 Der Dienst der Kirche an der Welt in der Konzeption Augustins

Aus dem Opfergeschehen der Eucharistie ergibt sich eine Verantwortung der Kirche und der einzelnen Christen für das Wohl der noch nicht erlösten Welt und für die Wiederherstellung der gesamten Schöpfung Gottes. Von welcher Art ist diese Verantwortung, und wie ist sie wahrzunehmen? Diese Frage ist heute wie eh und je von brennender Aktualität. Sie wird in den Lima-Texten ausführlich behandelt. Bevor wir jedoch in die Darlegung und Erörterung dieser Texte eintreten, erscheint es hilfreich, ja notwendig, die augustinischen Aussagen zu diesem Problemkreis in den Blick zu nehmen.

Schon der großartige Zusammenhang, in dem Augustin das singuläre, universale und totale Opfer der Eucharistie in seiner geschichtlichen, kosmischen und eschatologischen Dimension sichtbar werden läßt, macht deutlich, daß jede Einengung des Opferbegriffes auf einen rein religiösen Bereich und einen innerseelischen Vorgang ausgeschlossen ist. Im Opfersein koinzidieren wie in einem Brennpunkt:

das paradiesische Woher der Kirche als schöpfungsgemäße Bestimmung,

das endzeitliche Wohin der Kirche als die irreversible Glückseligkeit ewiger Vollendung,

das hilfreich-bergende Umgebensein der Kirche von der himmlischen Welt mit ihren Engeln, Märtyrern, Heiligen und Seligen,

das in den Wechselfällen der irdisch-geschichtlichen Wanderung kraftspendende sakramentale Geschehen, welches im Aufbau des Leibes Christi auf die Erlösung des Weltganzen hinzielt.

In diesem Kraftfeld wird die Kirche von einem ständigen Wandel bewegt. Es ist die Bewegung zwischen der sakramentalen Vorwegnahme des Heils und der eschatologischen Vollendung desselben. Hier empfängt die Kirche die Verheißung, der künftigen Herrlichkeit in der himmlischen Welt teilhaftig zu werden, und sie lebt in einem Prozeß, durch den immer wieder Menschen aus der todesverfallenen Welt zur Herde Gottes versammelt werden[176].

Die Eigenart des Lebens in dieser Zwischenzeit (in hac interim vita) wird von Augustin immer wieder mit großer Klarheit beschrieben. Besonders eindrucksvoll geschieht dies in den letzten Büchern (XIX bis XXI) des Gottesstaates, aus deren Inhalt wir im nachfolgenden referieren bzw. zitieren[177]. Die Wirklichkeit dieser Welt, die Augustin "wahrnimmt", wird an einem konkreten Beispiel dargestellt. Sie ist dadurch gekennzeichnet, "daß selbst kleine Kinder, die durch das Bad der Wiedergeburt (Taufe) von der Erbsünde, der einzigen Fessel, die sie derzeit band, befreit wurden, viele Übel erdulden müssen, ja bisweilen den Anfällen böser Geister ausgesetzt sind[178]." Gleichzeitig wird festgestellt: "Dies alles soll ihnen jedoch nichts schaden, selbst dann nicht, wenn sie bei zunehmendem und tödlich verlaufendem Leiden in diesem Alter aus dem Leben scheiden[179]." Damit ist der Doppelaspekt christlichen Lebens in dieser Weltzeit mit aller Deutlichkeit in den Blick genommen: Das unausweichliche Leiden einerseits und die Unwiderruflichkeit der das irdische Leben transzendierenden himmlischen Berufung andererseits. Der erste Aspekt nötigt zu illusionsloser "Nüchternheit", mit der Augustin das "Joch der Adamskinder" beschreibt. Während der "mühsamen Pilgrimschaft auf dieser Erde" hat auch der durch die Taufe wiedergeborene Mensch die bösen Folgen der Trennung von Gott zu tragen, "was dem Leben die Eigenschaft eines Strafzustandes gibt[180]." "Alles, was der neue Bund, den Gott in Christus mit uns

---

176 Civ. XII, 9: "Cuius pars, quae coniungenda inmortalibus angelis ex mortalibus hominibus congregatur et nunc mutabiliter peregrinatur in terris." - "Der eine Teil (dieses Staates, der ein lebendiges Opfer für Gott ist,) ist dazu bestimmt, den unsterblichen Engeln beigesellt zu werden; aus sterblichen Menschen wird er zu einer Herde versammelt und pilgert, der Wandelbarkeit unterworfen, noch auf Erden."

177 Insbesondere civ. XIX, 16; 17; 19; 20-27; XX, 25; 26; XXI, 14-16; 25-27.

178 Ibid. XXI, 14: "... ut ipsi parvuli per lavacrum regenerationis ab originalis peccati, quo solo tenebantur, vinculo iam soluti mala multa patientes nonnulli et incursus spirituum malignorum aliquando patiantur."

179 Ibid.: "Quae quidem passio absit ut eis obsit, si hanc vitam in illa aetate etiam ipsa passione ingravescente et animam de corpore excludente finierint."

180 Ibid. XXI, 15: "Verum tamen in gravi iugo, quod positum est super filios Adam a die exitus de ventre matris eorum usque in diem sepulturae in matrem omnium, etiam hoc malum mirabile reperitur, *ut sobrii simus* atque intelligamus *hanc vitam* de peccato illo nimis nefario, quod in paradiso perpetratum est, *factam nobis esse poenalem.*" - "Ein verwunderliches Übel freilich, dies Leiden der Kinder! Es

geschlossen hat, für uns bewirkt, bezieht sich auf das neue Erbe des neuen Zeitalters[181]". Hier haben wir lediglich ein Angeld, die Gotteskindschaft als Erstlingsgabe des Geistes, empfangen. Dieses Angeld bürgt dafür, daß wir das neue Erbe "zu seiner Zeit erlangen" werden[182]. "Inzwischen bleibt uns nichts anderes übrig, als in der Hoffnung zu wandeln und, von Tag zu Tag fortschreitend, durch den Geist die Werke des Fleisches zu töten[183]."

Und nun folgt die Aussage, die wir von dem Kirchenvater Athanasius her kennen: "Er (Jesus Christus), der allein von Natur Gottes Sohn war, ist um unseretwillen aus Barmherzigkeit Menschensohn geworden, damit wir, die wir von Natur Menschenkinder sind, durch ihn aus Gnaden Gotteskinder würden[184]." Die Gotteskindschaft, die wir als Erstlingsgabe des Geistes empfangen haben, wird ganz im Sinne paulinischer Aussagen (Römer 8) als eine Gabe beschrieben, die uns bereits zugeeignet ist, deren "Offenbarwerden in Herrlichkeit" aber noch aussteht. Schon jetzt findet das statt, was Luther als "fröhlichen Wechsel" bezeichnen sollte: Die Teilhabe Christi an unserer menschlichen Natur bewirkt unsere Teilhabe an der Natur des Gottessohnes: "Wir sind zum Besseren hin umgewandelt[185]."

gehört auch zu dem schweren Joch, das den Adamskindern auferlegt ist, von dem Tage an, da sie hervorgehen aus dem Mutterleibe, bis zu dem Tage, da man sie begräbt in der Mutter aller. Es soll uns dazu helfen, nüchtern zu werden und einzusehen, daß infolge jenes furchtbaren, im Paradies begangenen Frevels unser Leben zur Strafe geworden ist."

181 Ibid.: "totumque quod nobiscum agitur per novum testamentum, non pertinere nisi ad novi saeculi hereditatem novam."

182 Ibid.: "ut hic pignore accepto illud cuius hoc pignus est suo tempore consequamur." - "Hier empfangen wir nur ein Unterpfand dessen, was wir zu seiner Zeit erlangen sollen."

183 Ibid.: "nunc autem ambulemus in spe et proficientes de die in diem spiritu facta carnis mortificemus."

184 Ibid.: "Unicus enim natura Dei filius propter nos misericordia factus est hominis filius, ut nos, natura filii hominis, filii Dei per illum gratia fieremus."

185 Ibid.: "Manens quippe ille inmutabilis naturam nostram, in qua nos susciperet, suscepit a nobis et tenax divinitatis suae nostrae infirmitatis particeps factus est; ut *nos in melius commutati*, quod peccatores mortalesque sumus, eius inmortalis et iusti participatione amittamus et, quod in natura nostra bonum fecit, impletum summo bono in eius naturae bonitate servemus." - "Unwandelbar bleibend, nahm er von uns unsere Natur an, um sich unser anzunehmen, und, festhaltend an seiner Gottheit, ward er teilhaft unserer Schwachheit, daß wir, *zum Besseren umgewandelt*, unsere Sündhaftigkeit und Sterblichkeit durchTeilnahme an seiner Unsterb-

Die Teilhabe an der Unsterblichkeit und Gerechtigkeit Christi setzt uns instand, "unsere Sündhaftigkeit und Todesverfallenheit" hinter uns zu lassen[186]. Es geht darum, daß wir "das Gut, das Jesus Christus in uns geschaffen hat, vom höchsten Gut erfüllt, in der Gutheit Jesu Christi bewahren[187]."

Damit hat Augustin in seiner Sprache das zum Ausdruck gebracht, was heutige Theologie als eschatologischen Vorbehalt bezeichnet: Das durch die Partizipation an Christus in den Gläubigen hervorgerufene Gut der Gotteskindschaft ist bereits ein Erfülltsein mit dem Höchsten Gut, aber es muß in dieser seiner Gutheit bewahrt werden. In diesem "Bewahren" ereignet sich der Vorgang der göttlichen Rechtfertigung, die immer auch eine Gerechtmachung ist und darauf hinzielt, daß wir dieses höchste Gut als bleibendes Gut erlangen[188]. Der im Sakrament der Taufe einmal vollzogene Übergang "von der Adamsmenschheit zur Christusmenschheit", "von der Macht der Finsternis zum Reiche Christi", muß durch den immer zu wiederholenden Empfang der eucharistischen Gaben und durch einen dementsprechenden Lebensvollzug erneuert und festgehalten werden, damit es einst zum endgültigen Übergang kommen kann: "Den endgültigen Übergang von Adam zu Christus vollzogen zu haben, dessen darf man sich erst dann sicher sein, wenn man sich an dem Ort befindet, an dem es keine Versuchung mehr gibt, wenn man zu dem Frieden gelangt ist, den man in den vielen und wechselvollen Kämpfen jenes Krieges nur anstreben kann, in dem das Fleisch wider den Geist und der Geist wider das Fleisch begehrt[189]."

Damit ist deutlich, daß die ganze Zwischenzeit der irdischen Pilgrimschaft angefüllt ist von Sünde und Todesverfallenheit, von Leid und

---

lichkeit und Gerechtigkeit verlören und, was er in unserer Natur an Gutem schuf, durch das höchste Gut erfüllen ließen und in der Gutheit seiner Natur bewahrten."

186 S. Anm. 185.

187 S. Anm. 185.

188 Ibid.: "Sicut enim per unum hominem peccantem in hoc tam grave malum devenimus, ita per unum eundemque deum iustificantem ad illum bonum tam sublime veniemus." - "Denn wie wir durch einen Menschen, der sündigte, in dies tiefe Elend abgesunken sind, werden wir auch durch einen Menschen und Gott zugleich, der rechtfertigt, zu jenem hocherhabenen Gut aufsteigen."

189 Ibid.: "Nec quisquam se debet ab isto ad illum *transisse* confidere, nisi cum ibi fuerit, ubi temptatio nulla erit; nisi pacem tenuerit, quam belli huius, in quo caro concupiscit adversus spiritum et spiritus adversus carnem, multis et variis certaminibus quaerit."

Elend, von Ungerechtigkeit und Friedlosigkeit, von wechselvollen Kämpfen zwischen dem Geist Gottes und der widergöttlichen Macht des Bösen. Mit "Fleisch" wird von Augustin ganz im Sinne heutiger Exegese paulinischer Aussagen jene überindividuelle Macht verstanden, welche den Menschen dazu drängt, sein Leben in dieser Welt aus sich selbst heraus zu gestalten: "Nun aber kämpft sie (die menschliche Natur), die nicht glücklich im Frieden mit Gott leben wollte, unglücklich mit sich selbst[190]." Diese Macht des Fleisches zeigt sich nicht nur in den augenfälligen Leidenschaften des Menschen, sondern gerade auch in solchen Bestrebungen, die man oft genug für Tugenden hält: im "Hochmut", der sich an die Stelle Gottes setzt und keine Autorität über sich anerkennen will, in der "ruinösen Höhe der Selbstgefälligkeit", die sich aus den Kräften der eigenen Kreativität in immer neuen Ansätzen selbst verwirklichen möchte[191]. Diese Selbstherrlichkeit des Menschen ist immer wieder zum Scheitern verteilt. Der von

190 Ibid.: "Nunc vero, quae pacem felix cum Deo habere noluit, secum pugnat infelix ..."

191 Ibid. XXI, 16: "Nonnumquam sane apertissima vitia aliis vitiis vincuntur occultis, quae putantur esse virtutes, in quibus regnat superbia et quaedam *sibi placendi altitudo ruinosa*. Tunc itaque victa vitia deputanda sunt, cum Dei amore vincuntur, quem nisi Deus ipse non donat nec aliter nisi per mediatorem Dei et hominum, hominem Christum Jesum, qui factus est particeps mortalitatis nostrae, ut nos participes faceret divinitatis suae." - "Bisweilen werden auch offenkundige Laster durch andere geheime Laster besiegt, die man für Tugenden hält, in denen jedoch der Hochmut triumphiert und eine sich brüstende, aber *zu Fall bringende Selbstgefälligkeit*. Dann erst darf man diese Laster für besiegt erachten, wenn sie durch Gottesliebe besiegt werden, die nur Gott verleiht, und die Gott nur verleiht durch den Mittler zwischen Gott und den Menschen, den Menschen Christus Jesus, der an unserer Sterblichkeit teilnahm, um uns an seiner Gottheit teilnehmen zu lassen." Vgl. ibid. XIX, 25: "Nam licet a quibusdam tunc verae atque honestae putentur esse virtutes, cum referuntur ad se ipsas nec propter aliud expetuntur: etiam tunc inflatae ac superbae sunt, ideo non virtutes, sed vitia iudicanda sunt." - "Mögen auch manche sie dann für wahre und rechtschaffene Tugenden halten, wenn sie nicht um irgendeines anderen Gutes willen, sondern nur um ihrer selbst willen angestrebt werden, so sind sie doch auch in diesem Falle aufgeblasen und hochmütig, also nicht als Tugenden, sondern als Laster anzusehen." S.auch ibid. XIX, 12: "Sic enim *superbia perverse imitatur Deum. Odit namque cum sociis aequalitatem sub illo, sed inponere vult sociis dominationem suam pro illo. Odit ergo iustam pacem Dei, et amat iniquam pacem suam.*" - "Da sieht man *wie sündiger Hochmut Gott nachahmt. Denn Gleichheit mit den anderen unter Gott ist ihm verhaßt, und statt dessen will er den Genossen an Stelle Gottes seine Herrschaft aufzwingen.* Er haßt al-

ihr besessene Mensch ist der Selbstzerstörung preisgegeben und nähert sich dem Nichtigen[192]. Will der Mensch diesem Verhängnis entgehen, dann darf er sich dem Kampf des Geistes wider das Fleisch nicht entziehen: "Es ist besser, mit den Lastern zu kämpfen, als sie kampflos über sich herrschen zu lassen[193]." In diesem Kampf geht es um die Befreiung aus der Gefangenschaft des Bösen. In diesem Kampf fällt aber auch die Entscheidung zwischen ewiger Verdammnis und ewigem Frieden[194].

Um diesen Kampf bestehen zu können, muß einer nicht nur getauft sein, sondern er muß auch in Christus "gerechtfertigt" werden und so den Übergang "vom Teufel zu Christus" nicht nur sakramental, sondern auch real, d.h. im alltäglichen Leben, vollziehen[195]. Das Leben der irdischen

so den gerechten Frieden Gottes und liebt seinen eigenen ungerechten Frieden." Vgl. Ibid. XIX, 13-20 u. 25.

192 Ibid. XIV, 13: "Quid est autem *superbia* nisi *perversae celsitudinis appetitus?* Perversa enim est celsitudo deserto eo, cui debet animus inhaerere, principio sibi quodam modo fieri atque esse principium ... Spontaneus est autem iste defectus ... Nec sic deficit homo, ut omnino nihil esset, sed ut inclinatus ad se ipsum minus esset, quam erat, cum ei qui summe est inhaerebat. Relicto itaque Deo esse in semet ipso, hoc est sibi placere, non iam nihil esse est, sed *nihilo propinquare* ... Ipsum quippe extolli iam deici est." - "Was aber ist Hochmut anders als Streben nach falscher Hoheit? Denn das ist falsche Hoheit, vom Urgrund sich zu lösen, dem der Geist eingewurzelt sein soll, um gewissermaßen sein eigener Urgrund zu werden und zu sein ... Diese Abkehr aber ist freiwillig ... Doch fiel der Mensch nicht so, daß er nun überhaupt zu nichts geworden wäre, sondern, zu sich selbst hinneigend, ward er minderwertig im Vergleich zu früher, als er dem, der zuhöchst ist, noch anhing. Gott verlassen und bei sich selbst sein oder sich selbst gefallen, heißt also nicht nichts sein, sondern *sich dem Nichts nähern* ... So ist Sicherheben und Herabgestürzt werden ein und dasselbe."

193 Ibid. XXI, 15: "Melius confligitur quippe cum vitiis, quam sine ulla conflictione dominantur."

194 Ibid.: "Melius est, inquam, bellum cum spe pacis aeternae quam sine ulla liberationis cogitatione captivitas. Cupimus quidem etiam hoc bello carere et ad capessendam ordinatissimam pacem, ubi firmissima stabilitate potioribus inferiora subdantur, igne divini amoris accendimur." - "Besser ist, sage ich, Krieg mit der Hoffnung auf ewigen Frieden, als Knechtschaft, bei der an keine Befreiung zu denken ist. Wir möchten freilich auch dieses Krieges überhoben werden und sind entbrannt vom Feuer göttlichen Liebesverlangens, jenen Frieden voller Harmonie zu ergreifen, wo in unverrückbarer Festigkeit das Niedere dem Höheren unterworfen ist."

195 Ibid. XXI, 16: "Quisquis igitur cupit poenas evadere sempiternas, *non solum baptizetur, verum etiam iustificetur in Christo, ac sic vere transeat a diabolo ad Chri-*

Pilgrimschaft ereignet sich demgemäß zwischen dem sakramentalen Transitus und dem endgültigen Transitus, ist aber ebenso bestimmt durch den im alltäglichen Leben zu vollziehenden Transitus. Christliche Existenz in dieser Weltzeit ist also ein ständig vor sich gehender Prozeß des Transzendierens. Durch den Transitus der Taufe wird dieser Prozeß eingeleitet; mit den eucharistischen Gaben erhält dieser Prozeß immer wieder neue Nahrung und Antriebskraft; er findet seine Vollendung im Transitus zur ewigen Seligkeit. Das Gelingen des ständigen Transzendierens und der Sieg über die bösen Mächte bedürfen der Hilfe des Geistes und der Liebe Gottes, die uns Jesus Christus schenkt[196].

In dieser Welt befinden sich die Christen auf dem Wege vom dankbaren Empfangen der sakramentalen Gaben zum dankbaren Dienst, durch den die empfangenen Gaben an die Menschen in der noch nicht erlösten Welt weitergegeben und vermittelt werden. Dieser Dienst in der Welt geschieht in der zuversichtlichen Hoffnung, daß Gott die dem Bösen verhaftete Welt befreien und als seine Schöpfung wiederherstellen und vollenden wird.

Von dieser Zielvorstellung her gewinnt der Dienst in der noch nicht erlösten Welt seine kritische Potenz und seine positiven Impulse. Kritische Potenz und positive Impulse konkretisieren sich in vorläufigen und begrenzten Perspektiven, die darauf zielen, diese Welt auf die endgültige Erlösung hin zu verändern und zu bewahren. So sind himmlisch-eschatologische Hoffnung und irdische Perspektiven aufeinander bezogen. Die himmlisch-eschatologische Hoffnung läßt irdisch-geschichtliche Perspektiven aus sich herauswachsen. Der Hinweis auf das Reich Gottes und seine vollkommenen Gaben der Liebe, der Gerechtigkeit und des Friedens läßt erkennen, was in den irdischen Reichen und Bereichen dem relativ Besseren dient und unter den hier gegebenen Bedingungen zu verändern ist. Die himmlisch-eschatologische Hoffnung ist eine Hoffnung, die man mit natürlichen Augen nicht sehen, sondern nur im Glauben wahrnehmen kann. (Römer 8,24) Es ist eine Hoffnung, die auch in den unausweichlichen Grenzsituationen des Lebens, in Hunger und Elend, Unterdrückung und Gefangenschaft, Folter und Tod, nicht zuschanden wird. (Römer 5,5) Dieser Zusammenhang wird von Augustin immer wieder aufgezeigt. Im Vergleich zu dem "ewigen und vollkommenen Frieden, der das höchste Gut der Bürgerschaft Gottes ist und den die Unsterblichen, befreit von al-

---

stum." - "Wer also den ewigen Strafen entrinnen will, *lasse sich nicht nur taufen, sondern auch durch Christus rechtfertigen und vollziehe so in Wahrheit den Übergang vom Teufel zu Christus.*"

196 S. Anm. 191.

ler Plage, dauernd genießen, ist das Leben, das wir hier auf Erden führen, und wäre es überreich an Gütern der Seele, des Leibes und äußerer Habe, nichts als jämmerliches Elend[197]." Nur unter einer Bedingung kann ein Mensch "schon jetzt glückselig" genannt werden: "Er muß von dem gegenwärtigen Leben einen solchen Gebrauch machen, daß er es in Beziehung setzt zu dem Ziel jenes Lebens, das er glühend liebt und zuversichtlich erhofft[198]." Diese Glückseligkeit besteht freilich mehr in der Jenseitshoffnung als in der Diesseitswirklichkeit. "Diesseitiger Besitz ohne Hoffnung auf das Jenseits ist falsches Glück und großes Elend, denn da macht man auch von den wahren Gütern der Seele keinen rechten Gebrauch[199]." Es gibt gewiß eine "Weisheit, die klug unterscheidet, tapfer ausführt, maßvoll beschränkt und gerecht verteilt". Aber auch sie ist keine "wahre Weisheit, wenn sie ihr Augenmerk nicht auf jenes Ziel hinrichtet, wo Gott alles in allem sein wird in unwandelbarer Ewigkeit und vollkommenem Frieden[200]." Irdisches Handeln mag also von noch so hervorragenden Leitbildern und Richtlinien bestimmt sein - wenn es nicht seiner Intention nach auf das himmlisch-eschatologische Ziel hin ausgerichtet ist, muß es auch sein irdisches Ziel verfehlen.

Dies wird nun von Augustin an dem Verhältnis der Christen zu dem irdischen Staat deutlich gemacht. Er übernimmt die Begriffsbestimmung, die Cicero von Scipio überliefert hat. Danach wird der Staaat (res publica) als Sache des Volkes (res populi) definiert. "Volk aber", so heißt es weiter, "ist eine Gemeinschaft vieler Menschen, die durch Rechtsübereinkunft (iuris consensus) und durch Interessengemeinschaft (utilitatis communio) verbunden (sociatus) ist[201]." Diese Definition entspricht durchaus dem,

197 Ibid. XIX, 20: "Quam ob rem summum bonum civitatis Dei cum sit pax aeterna atque perfecta, non per quam mortales transeant nascendo atque moriendo, sed in qua inmortales maneant nihil adversi omnino patiendo: quis est qui illam vitam vel beatissimam neget vel in eius comparatione istam, quae hic agitur, quantislibet animi et corporis externarumque rerum bonis plena sit, non miserrimam iudicet?"

198 Ibid.: "Quam tamen quicumque sic habet, ut eius usum referat ad illius finem, quam diligit ardentissime ac fidelissime sperat, non absurde dici etiam nunc beatus potest, spe illa potius quam re ista."

199 Ibid.: "Res ista vero sine spe illa beatitudo falsa et magna miseria est; non enim veris animi bonis utitur."

200 Ibid.: "quoniam non est vera sapientia, quae intentionem suam in his, quae prudenter discernit, gerit fortiter, cohibet temperanter iusteque distribuit,non ad illum dirigit finem, ubi erit Deus omnia in omnibus, aeternitate certa et pace perfecta."

201 Ibid. XIX, 21: "Breviter enim rem publicam definit (Scipio nach Cicero) esse rem

was wir heute mit dem Begriff des "sozialen Rechtsstaates" bezeichnen. Auch wir sehen vielfach eine Kluft zwischen "Verfassungsgrundsätzen" und "Verfassungswirklichkeit". Augustins Kritik ist jedoch radikaler. "Wenn die (oben genannte) Definition richtig ist", so die berühmte Feststellung Augustins, "dann hat es nie einen römischen Staat gegeben[202]."

Woran liegt es aber nun, daß diese Kluft zwischen einer guten und richtigen Definition des Staates einerseits und der Wirklichkeit des Staates andererseits nicht überwunden werden kann? Die überraschende Antwort Augustins lautet: Weil falsch geopfert wird! Die Schriftstelle, die - von Augustin immer wieder zitiert - falsches und rechtes Opfern unterscheidet und die Konsequenz des falschen Opferns aufzeigt, lautet: "Wer den Göttern opfert und nicht dem Herrn allein, der soll ausgerottet werden[203]." Aus diesem "kurzen, gewaltigen, drohenden und wahrhaftigen Gebot Gottes" ergibt sich "sonnenklar, daß der wahre und höchste Gott nur für sich allein

---

populi. Quae definitio si vera est, nunquam fuit Romana res publica, quia nunquam fuit res populi, quam definitionem voluit esse rei publicae. Populum enim esse definivit *coetum multitudinis iuris consensu et utilitatis communione sociatum.*" S. ibid. IV, 4: "Remota itaque iustitia quid sunt regna nisi magna latrocinia?" - "Was anders sind also Reiche, wenn ihnen Gerechtigkeit fehlt, als große Räuberbanden?" S. ibid. II, 12; 21; XIX, 23; Vgl. dagegen: XIX, 24: "Si autem populus non isto, sed alio definiatur modo, velut si dicatur: Populus est *coetus multitudinis rationalis rerum quas diligit concordi communione sociatus*, profecto, ut videatur qualis quisque populus sit, illa sunt intuenda, quae diligit ... Secundum istam definitionem nostram Romanus populus populus est et res eius sine dubitatione res publica." - "Wird aber der Begriff des Volkes nicht auf diese Weise, sondern anders bestimmt, etwa so, daß man sagt: *Volk ist die Vereinigung einer vernunftbegabten Menge, die durch einträchtiges Streben nach gewissen geliebten Dingen zusammengehalten wird* ... Nach dieser unserer Definition ist das römische Volk in der Tat ein Volk und bildet somit eine Volkssache, einen Staat."

202 S. Anm. 201.
203 Civ. X, 3. 7; XIX, 21.23 u.ö. (Ex 22,20): "Sacrificans diis eradicabitur nisi domino tantum." Dazu civ. XIX, 24: "Generaliter quippe civitas impiorum, cui non imperat Deus oboedienti sibi, ut sacrificium non offerat nisi tantummodo sibi, et per hoc in illa et animus corpori ratioque vitiis recte ac fideliter imperet, caret iustitiae veritate." - "Denn dem Staat der Gottlosen fehlt nun einmal die wahre Gerechtigkeit, da er dem Gebote Gottes, nur ihm allein Opfer darzubringen, nicht gehorcht, und da deshalb auch in ihm der Geist nicht über den Leib und die Vernunft nicht über die Leidenschaften herrscht, wie Recht und Gewissen es fordern."

und sonst niemanden Opfer gefordert hat[204]." Augustin geht es dabei nicht um den religiösen Fanatismus eines rechthaberischen Sektierers. Es geht ihm vielmehr um die rechte Rangordnung der Werte, deren Zusammenbrechen die Menschen dem Nichtigen zutreiben läßt und sie - eine durchaus aktuelle Vision! - der "Ausrottung" preisgibt. Kein geschöpfliches Wesen darf zum "höchsten Gut" erklärt werden und entsprechende Opfer für sich beanspruchen. Keine menschliche Erkenntnis darf als absolute Wahrheit ausgegeben werden und totale Machtvollkommenheit für sich in Anspruch nehmen. Es gibt schlechterdings nichts, was gegenüber dem Gott, der sich uns in Jesus Christus offenbart hat, Vorrang haben dürfte. Selbst die guten Gaben des menschlichen Geistes und der geschöpflichen Natur werden böse, wenn sie Christus vorgezogen werden[205]. In der Relation zu diesem wahren Gott wird alles andere relativiert; es verliert seine Letztgültigkeit und wird dem Bereich des Vorläufigen zugeordnet. Dies zu betonen erscheint auch heute von besonderer Bedeutung angesichts der Tatsache, daß politische Ideologen ihre Weltanschauungen und daraus fließende Entscheidungen absolut setzen und damit das jüngste Gericht über Andersdenkende vorwegnehmen.

Bei der Frage nach dem falschen oder gerechten Opfer geht es also nicht um Gott, "als ob er der Gabe irgendeines Menschen bedürfte[206]." Das rechte und gerechte Opfern "nützt" allein uns Menschen, "denn uns kommt es zustatten, daß wir sein eigen sind[207]." Damit sind wir bei der Aussage Augustins über das rechte Opfer angelangt, die das Grundthema dieser Arbeit ist: "Das köstlichste und beste Opfer für Gott sind wir selbst, wir, seine Bürgerschaft, und wir feiern dieses Geheimnis mit den Darbringungen, die den Gläubigen bekannt sind[208]." In der Hingabe an Gott erfüllt der Mensch seine eigentliche Bestimmung, kommt also zu jener Selbstver-

---

204 Civ. XIX, 23: "quibus luce clarius apparet nulli omnino nisi tantum sibi Deum verum et summum voluisse sacrificari?"

205 Ibid. XXI, 26: "quisquis itaque sic habet in corde Christum, ut ei terrena et temporalia nec ea quae licita sunt atque concessa praeponat, fundamentum habet Christum." - "Wer also Christus so im Herzen trägt, daß er ihm nicht Irdisches und Zeitliches, mag es auch erlaubt und zulässig sein, vorzieht, der hat Christus zum Fundament." (Auslegung von I Kor 3,11ff.)

206 Ibid. XIX, 23: "non quo rei egeat alicuius ..."

207 Ibid.: "sed quia nobis expedit, ut res eius simus."

208 Ibid. XIX, 23: "Huius autem praeclarissimum atque optimum sacrificium nos ipsi sumus, hoc est civitas eius, cuius rei mysterium celebramus oblationibus nostris, quae fidelibus notae sunt ."

wirklichung, die seinem geschöpflichen Wesen entspricht. Selbstopfer und Selbstfindung sind also identisch.

Dieses Opfersein ist auch identisch mit der wahren Gerechtigkeit, die allein das Zusammenleben der Menschen, die Sozialisation durch Rechtsübereinkunft und Interessenausgleich, möglich macht. "Wo diese Gerechtigkeit fehlt, wo nicht der eine und höchste Gott in seiner Gnade der ihm ergebenen Bürgerschaft befiehlt, nur ihm allein Opfer zu bringen, wo folglich auch nicht alle zu dieser Bürgerschaft gehörenden und Gott ergebenen Menschen in der vorgeschriebenen Weise mit dem Geiste dem Körper und mit der Vernunft den Leidenschaften gewissenhaft gebieten, wo ebensowenig der einzelne Gerechte wie auch die Vereinigung und das Volk der Gerechten aus dem Glauben lebt, der in der Liebe tätig ist, kraft deren der Mensch Gott so liebt, wie er geliebt werden soll, und den Nächsten wie sich selbst - ich sage, wo diese Gerechtigkeit fehlt, da gibt es auch keine durch Rechts-übereinkunft und Interessengemeinschaft verbundene Vereinigung von Menschen. Und wo sie nicht ist, da ist auch kein Volk, wenn es mit dieser Definition des Volkes seine Richtigkeit hat, also auch kein Staat, weil es keine Volkssache geben kann, wo es kein Volk gibt[209]."

Für Augustin ist klar: Evolutionäre oder auch revolutionäre Veränderungen der Zustände in dieser Welt, von welcher Seite immer sie erfolgen, aus welchen Idealvorstellungen sie hervorwachsen, auf welche irdisch vorstellbaren Ziele sie ausgerichtet sein mögen - sie sind zum Scheitern verurteilt, wenn sie nicht aus jener gläubigen Hingabe an Gott heraus geschehen, die in der Liebe zum Nächsten wirksam ist und die aus der gewissen Hoffnung auf das verheißene Endziel ihre Kraft gewinnt. *Am Opfersein der Christen, das sich im Empfangen und im Zurück- bzw. Weitergeben verwirklicht, entscheidet sich das Schicksal der Welt.*

In diesem Zusammenhang ist das Opfersein der Kirche als das universale Opfersein des Leibes Christi, wie es sich aus der Eucharistie ergibt, in

---

209 Ibid.: "Quapropter ubi non est ista iustitia, ut secundum suam gratiam civitati oboedienti Deus imperet unus et summus, ne cuiquam sacrificet nisi tantum sibi, et per hoc in omnibus hominibus ad eandem civitatem pertinentibus atque oboedientibus Deo animus etiam corpori atque ratio vitiis ordine legitimo fideliter imperet; ut, quem ad modum iustus unus, ita coetus populusque iustorum vivat ex fide, quae operatur per dilectionem, qua homo diligit Deum, sicut diligendus est Deus, et proximum sicut semet ipsum, - ubi ergo non est ista iustitia, profecto non est coetus hominum iuris consensu et utilitatis communione sociatus. Quod si non est, utique populus non est, si vera est haec populi definitio. Ergo nec res publica est, quia res populi non est, ubi ipse populus non est."

seiner Bedeutung für die Erhaltung und Rettung der Schöpfung zu sehen. Es ist ein Opfersein für Gott und die Menschen, das die Welt davor bewahren soll, sich in *Selbstbehauptung gegen Gott und andere Menschen der Selbstvernichtung preiszugeben*. Im Opfersein des "Totus Christus caput et corpus" geht es darum, das Sein der ganzen Schöpfung zu retten, die Tendenz zum Nichtigen in eine Tendenz zum Besseren hin umzuwandeln. Hier tritt Kirche als "Kirche für die Welt" in einem umfassenderen und tieferen Sinne in Erscheinung, als sich dies progressive Theologen je träumen lassen konnten. "Kirche für die Welt" in diesem Sinne kann nie eine Kirche sein, die meint, zur Selbsterlösung dieser Welt "einen christlichen Beitrag" leisten zu können. Eine Rettung dieser Welt, die außerhalb dessen ins Werk gesetzt wird, was Gott in Jesus Christus und seiner Kirche tut, liegt außerhalb des Horizontes biblischen und augustinischen Denkens.

Augustin weiß: auch der irdische Staat hat hier auf Erden "sein Gut, an dessen Genuß man sich freuen kann[210]." Aber diese Güter sind derart,

---

210 Civ. XV, 4: "*Terrena* porro *civitas*, quae sempiterna non erit, ... hic *habet bonum suum*, cuius societate laetatur, qualis esse de talibus laetitia rebus potest." - "Der irdische Staat also, der nicht ewig sein wird, ... hat hier sein Gut und freut sich der Teilnahme daran, wie man sich an solchen Dingen freuen kann." *Wilhelm Kamlah*, Christentum und Geschichtlichkeit, Stuttgart 1951, bestreitet, daß Christen nach Augustin ein positives Verhältnis zum irdischen Staat haben könnten, das über den leidenden Gehorsam hinausgeht und eine politische Mitverantwortung einschließt. Die Kritik von *Dolf Sternberger*, Drei Wurzeln der Politik, Frankfurt/Main 1978, geht in die gleiche Richtung. Er behauptet, die civitas Dei sei "eine Polis ohne Politik, unpolitisch, ja antipolitisch". (312ff.) In der civitas terrena dagegen bestehe eine "Koinzidenz von Politik und Verbrechen", sie werde mit dem"ontologisch Bösen" identifiziert. (314) Dies zeugt von einem grundlegenden Mißverständnis der Ontologie Augustins, die mit ihrer Unterscheidung von "rechtmäßigem" und "verkehrtem" Gebrauch der guten, von Gott geschaffenen Natur des Menschen (sogar des Teufels) mit der bekannten Formel Martin Luthers überein stimmt: "Alle geschaffenen Dinge sind gut, aber sie werden mißbraucht" ("Omnia bona sunt, sed sunt in abusu"). S. etwa civ. XIX, 13, ein Kapitel das mit seinem von Sternberger selbst gepriesenen "Lobpreis des irdischen Friedens" (338) keineswegs eine "erratische Stellung" im Denken Augustins einnimmt. S. etwa civ. XV, 4 oder den berühmten "Fürstenspiegel" civ. V, 14. Von den irdischen Reichen gilt civ. V, 1: "Divina providentia regna constituuntur humana." - "Durch göttliche Vorsehung werden menschliche Reiche begründet." Vgl. ibid. XVIII, 2. Ein hervorragendes Beispiel für die Wahrnehmung politischer Verantwortung bietet der Brief, den Augustin a. 412 an den kaiserlichen Tribun Marcellinus gerichtet hat (epist.

"daß sie ihren Liebhabern immer auch Ängste bereiten." Diese Ängste um die irdischen Güter führen zu "Zwiespalt, Streit, Krieg und todbringenden und sicherlich todverfallenen Siegen[211]." Der irdische Staat will Sieger über andere Völker sein und ist doch ein Gefangener seiner eigenen Laster und Leidenschaften. "Denn man wird nicht immerdar über die herrschen können, die man siegend unterjochen konnte[212]."

Auch der irdische Friede, den man durch "mühsame Kriege" erstrebt, gehört zu den Dingen, von denen gilt: "Auch sie sind Güter und ohne Zweifel Gaben Gottes." Er bleibt eine "wünschenswerte" Sache, derentwegen man sich beglückwünschen soll, selbst dann, wenn er durch relativ

133), in dem er darum bittet, gegenüber mörderischen Circumcellionen nicht das ius talionum anzuwenden, also keine Folterungen und Verstümmelungen vornehmen zu lassen, sondern einen humanen Strafvollzug zu praktizieren. S. dazu auch *Peter Brown*, Augustinus von Hippo, Frankfurt 1973, das Kap. "Heilsame Ratschläge", 176ff. - Die Richtigstellungen, die *Johannes Straub*, Augustins Sorge um die Regeneratio Imperii, Hist. Jb. Görresges., 1953 gegenüber Kamlah überzeugend vorgenommen hat, gelten auch gegenüber Sternberger. Eine über diese Hinweise hinausgehende Auseinandersetzung mit Kamlah und Sternberger würde den Rahmen dieser Arbeit sprengen.

211 Civ. XV, 4: "Et quoniam non est tale bonum ut nullas angustias faciat amatoribus suis, ideo civitas ista adversus se ipsam plerumque dividitur litingando, bellando atque pugnando et aut mortiferas aut certe mortales victorias requirendo." - "Und da es kein derartiges Gut ist, daß es seinen Liebhabern nicht auch Ängste bereitete, ist dieser Staat häufig in Zwiespalt mit sich selbst, streitet, führt Kriege, kämpft und trachtet nach todbringenden und sicher todverfallenen Siegen."

212 Ibid.: "Nam ex quacumque sui parte adversus alteram sui partem bellando surrexerit, quaerit esse victrix gentium, cum sit captiva vitiorum, et si quidem, cum vicerit, superbius extollitur, etiam mortifera; si vero condicionem cogitans casusque communes magis quae accidere possunt adversis angitur, quam eis quae provenerunt secundis rebus inflatur, tantummodo mortalis est ista victoria. Neque enim semper dominari poterit permanendo eis, quos potuerit subiugare vincendo." - "Denn wenn er mit irgendeinem seiner Teile gegen einen anderen kriegerisch aufbricht, will er Besieger von Völkern sein und ist doch Sklave von Lastern. Wenn er siegreich sich stolz erhebt, ist sein Sieg todbringend; aber auch wenn er eingedenk der Lage bleibt und sich mehr über mögliche, oft eintretende Unfälle beunruhigt als sich von wirklich eingetretenen Glücksfällen aufblasen läßt, ist solch ein Sieg doch todverfallen. Denn man wird nicht immerdar über die herrschen können, die man siegend unterjochen konnte."

gerechte (iustiore causa) Kriege herbeigeführt wird[213]. Doch dieser Feststellung folgt sofort wieder der eschatologische Vorbehalt: "Wenn aber diese Güter unter Vernachlässigung der edleren, die dem oberen Staate eignen, ..., derart begehrt werden, daß man sie entweder für die einzigen hält, oder sie doch mehr liebt als die nach unserer Überzeugung besseren, dann muß unweigerlich Elend folgen und das schon vorhandene Elend noch gemehrt werden[214]." Von dem irdischen Staat gilt also: "Auch eine menschliche Hausgemeinschaft, die nicht aus dem Glauben lebt, trachtet danach, im Genuß der Gaben und Güter des zeitlichen Lebens irdischen Frieden zu gewinnen." Der himmlische Staat dagegen, "die Hausgemeinschaft von solchen, die aus dem Glauben leben, erwartet die ewigen Güter, die für die Zukunft verheißen sind, und gebraucht die irdischen und zeitlichen Dinge nur wie ein Gast, läßt sich von ihnen nicht fangen und

213 Ibid.: "Non autem recte dicitur ea bona non esse, quae concupiscit haec civitas (terrena), quando est et ipsa in suo humano genere melior. Concupiscit enim terrenam quandam pro rebus infimis pacem; ad eam namquae desiderat pervenire bellando; quoniam si vicerit et qui resistat non fuerit, pax erit ... Hanc pacem requirunt laboriosa bella, hanc adipiscitur quae putatur gloriosa victoria. Quando autem vincunt qui causa iustiore pugnabant, quis dubitet gratulandam esse victoriam et provenisse optabilem pacem? Haec bona sunt et sine dubio Dei dona sunt." - "Doch darf man nicht sagen, das, wonach dieser Staat verlangt, sei überhaupt nichts Gutes, wenn er nur selbst, in seiner menschlichen Art, zu den Besseren gehört. Denn er verlangt in seinem niederen Bereich nach irdischem Frieden. Zu ihm möchte er durch Kriegführen gelangen, denn hat er gesiegt und regt sich kein Widerstand mehr, wird Friede sein ... Diesen Frieden erstreben die mühseligen Kriege, ihn erlangt der vermeintlich ruhmreiche Sieg. Wenn aber die siegen, die das größere Recht auf ihrer Seite hatten, wird jeder solchen Sieg begrüßen und urteilen, nun sei der erwünschte Friede eingetreten. Auch das sind Güter und ohne Zweifel Gaben Gottes."

214 Ibid.: "Sed si neglectis melioribus, quae ad supernam pertinent civitatem, ubi erit victoria in aeterna et summa pace secura, bona ista sic concupiscuntur, ut vel sola esse credantur vel his, quae meliora creduntur, amplius diligantur: necesse est miseria consequatur et quae inerat augeatur." Zur Frage des Krieges vgl. epist. 138, wo Augustin einem Politiker gegenüber den gerechten Krieg als notwendiges Übel verteidigt, mit civ. XIX, 7, wo das Elend auch gerechter Kriege eindrucksvoll geschildert wird. Über den Wert des zeitlich-irdischen Friedens und sein Verhältnis zum ewigen Frieden handeln civ. XIX, 10-17; 26 u. 27. Was ibid. XIX, 16 über die rechte Ausübung weltlicher Herrschaft gesagt ist, belegt eindeutig, daß irdische Herrschaft von der Eschatologie her zwar relativiert, entgöttlicht, entdämonisiert wird, aber keineswegs zum "eschatologisch Gleichgültigen" (Kamlah) zu rechnen ist.

vom Wege zu Gott abbringen, sondern stärkt sich durch sie, die Last des vergänglichen Leibes, der die Seele beschwert, leichter zu ertragen und so wenig wie möglich zu vermehren[215]."

Der Gebrauch der irdischen Güter ist also den beiden Staaten, dem himmlischen und dem irdischen, gemeinsam. "Aber der Endzweck, zu dem man sie gebraucht, ist bei beiden anders und grundverschieden. Demnach strebt auch der irdische Staat, der nicht im Glauben lebt, nach irdischem Frieden und versteht die Eintracht der Bürger im Befehlen und Gehorchen als gleichmäßige Ausrichtung des menschlichen Wollens auf die zum sterblichen Leben gehörenden Güter. Der himmlische Staat dagegen oder vielmehr der Teil desselben, der noch in dieser vergänglichen Welt auf der Pilgerfahrt sich befindet und im Glauben lebt, bedient sich notwendig auch dieses Friedens, bis das vergängliche Leben selbst, dem solcher Friede nottut, vergeht. Solange er darum im irdischen Staate gleichsam in Gefangenschaft sein Pilgerleben führt, trägt er, bereits getröstet durch die Verheißung der Erlösung und den Empfang des Unterpfandes der Geistesgabe, kein Bedenken, den Gesetzen des irdischen Staates, die all das regeln, was der Erhaltung des sterblichen Lebens dient, zu gehorchen. Da ja das sterbliche Leben beiden Staaten gemeinsam ist, kann zwischen ihnen in allen darauf bezüglichen Angelegenheiten Eintracht bestehen[216]." Damit sind Möglichkeiten und Grenzen der Zusammenarbeit zwischen Christen

---

215 Civ. XIX, 17: "Sed domus hominum, qui von vivunt ex fide, pacem terrenam ex huius temporalis vitae rebus commodisque sectatur; domus autem hominum ex fide viventium expectat ea, quae in futurum aeterna promissa sunt, terrenisque rebus ac temporalibus tamquam peregrina utitur, non quibus capiatur et avertatur quo tendit in Deum, sed quibus sustentetur ad facilius toleranda minimeque augenda onera corporis corruptibilis, quod adgravat animam."

216 Civ. XIX, 17: "Idcirco rerum vitae huic mortali necessariarum utrisque hominibus et utrique domui communis est usus; sed finis utendi cuique suus proprius multumque diversus. Ita enim terrena civitas, quae non vivit ex fide, terrenam pacem appetit in eoque defigit imperandi oboediendique concordiam civium, ut sit eis de rebus ad mortalem vitam pertinentibus humanarum quaedam compositio voluntatum. Civitas autem caelestis vel potius pars eius, quae in hac mortalitate peregrinatur et vivit ex fide, etiam ista pace necesse est utatur, donec ipsa, cui talis pax necessaria est, mortalitas transeat; ac per hoc, dum apud terrenam civitatem velut captivam vitam suae peregrinationis agit, iam promissione redemptionis et dono spiritali tamquam pignore accepto legibus terrenae civitatis, quibus haec administrantur, quae sustentandae mortali vitae adcommodata sunt, obtemperare non dubitat, ut, *quoniam communis est ipsa mortalitas, servetur in rebus ad eam pertenentibus inter civitatem utramque concordia*."

und Nichtchristen in dieser Welt mit aller wünschenswerten Klarheit aufgezeigt. Auch die Kirche bedient sich dankbar "des Friedens Babylons[217]."

Als der auf Erden pilgernde Teil des Gottesstaates nimmt die Kirche den irdischen Frieden nicht nur passiv in Anspruch. Sie setzt ihn vielmehr zu dem ewigen und vollkommenen Frieden in der Vollendung des Gottesreiches in Beziehung und gewinnt daraus die Kraft, sich aktiv für die "Sicherheit" und "Beförderung" des irdischen Friedens einzusetzen. Gerade aus dieser Beziehung, aus der Hoffnung auf das Reich Gottes, erwächst ihre Verantwortung für diese Welt. Und die "guten Aktivitäten", die sie aus dem Glauben heraus ins Werk setzt, kommen auch der Bürgergemeinde zugute[218].

Natürlich wird die Kirche den "großen Unterschied" zwischen den beiden Staaten nie aus dem Auge verlieren[219]. Sie weiß, wie vorläufig, ver-

217 Ibid. XIX, 26: "quoniam, quamdiu permixtae sunt ambae civitates, utimur et nos pace Babylonis." - "Denn solange die beiden Staaten miteinander vermischt sind, bedienen auch wir uns des Friedens Babylons."

218 Ibid. XIX, 17: "*Utitur* ergo etiam caelestis civitas in hac sua peregrinatione pace terrena et de rebus ad mortalem hominum naturam pertinentibus *humanarum voluntatum compositionem*, quantum salva pietate ac religione conceditur, *tuetur atque appetit eamque terrenam pacem refert ad caelestam pacem*, quae vere ita pax est, ut rationalis dumtaxat creaturae sola pax habenda atque dicenda sit, ordinatissima scilicet et concordissima societas fruendi Deo et invicem in Deo ... Hanc pacem, dum peregrinatur in fide, habet atque *ex hac fide iuste vivit*, cum ad illam pacem adipiscendam refert quidquid *bonarum actionum* gerit erga Deum et proximum, quoniam vita civitatis utique socialis est." - "So benutzt auch der himmlische Staat während seiner Erdenpilgerschaft den irdischen Frieden, *sichert* und *befördert* in allen Angelegenheiten, die die sterbliche Natur des Menschen betreffen, *die menschliche Willensübereinstimmung*, soweit es unbeschadet der Frömmigkeit und Religion möglich ist, und *stellt diesen irdischen Frieden in den Dienst des himmlischen Friedens*. Denn der allein ist in Wahrheit Friede, und wenigstens für ein vernunftbegabtes Geschöpf gibt es im Grund nur ihn, und nur ihn darf man so nennen, nämlich die bestgeordnete, einträchtigste Gemeinschaft des Gottesgenusses und wechselseitigen Genusses in Gott ... Diesen Frieden besitzt der Gottesstaat, solang er hier pilgert, im Glauben; in der Kraft dieses Glaubens führt er ein gerechtes Leben; dabei zielt er mit allem, was er an *guten Handlungen gegen Gott und den Nächsten* unternimmt, darauf, jenen Frieden zu erlangen; denn auch das Leben einer Bürgergemeinde legt natürlich Wert auf die Beziehung zum Mitmenschen."

219 Ibid. XIV, 13: "Profecto ista est *magna differentia*, qua civitas, unde loquimur, utraque discernitur, una scilicet societas piorum hominum, altera impiorum, singu-

gänglich, brüchig und fragwürdig der irdische Friede ist: "Solange man noch darum ringen muß, die bösen Leidenschaften zu beherrschen, gibt es keinen vollkommenen Frieden[220]."

Darum ist das sehnsüchtige Verlangen der Kirche auf jenen "endgültigen Frieden" gerichtet, "in dem es keine bösen Leidenschaften mehr gibt und keiner von uns weder mit einem andern noch mit sich selbst streiten muß[221]."

Das "rechte Opfern der Kirche", durch das sie schon jetzt im Reiche Christi lebt und an seiner Liebesherrschaft teilhat, ereignet sich "während des ganzen irdischen Zeitraums auf eine dieser Weltzeit entsprechende Art und Weise[222]." Das, was jeweils dieser Weltzeit "kongruent", angemessen ist, muß immer wieder neu "durch Vernunft und Einsicht" (ratio et intelligentia) erfragt und festgestellt werden (passim). In jedem Falle geht es darum, in dieser vorübergehenden Weltzeit den durch menschliche Schuld hervorgerufenen Veränderungen zum Schlechteren hin entgegenzuwirken

la quaeque cum angelis ad se pertinentibus, in quibus praecessit hac *amor Dei*, hac *amor sui*." - "Das ist in der Tat der große Unterschied, der sie voneinander trennt, die beiden Staaten, von denen wir sprechen, die Gemeinschaft der Frommen sowie der gottlosen Menschen, deren jede ihre dazugehörigen Engel hat, in denen hier die *Gottesliebe*, dort die *Selbstliebe* zuerst auf den Plan trat."

220 Ibid. XIX, 27: "quamdiu vitiis imperatur, plena pax non est ..."

221 Ibid.: "In illa vero pace finali, quo referenda et cuius adipiscendae causa habenda est ista iustitia quoniam sanata inmortalitate atque incorruptione natura vitia non habebit nec unicuique nostrum vel ab alio vel a se ipso quippiam repugnabit, non opus erit ut ratio vitiis, quae nulla erunt, imperet; sed imperabit Deus homini ..." - "In jenem endgültigen Frieden aber, auf welchen diese Gerechtigkeit (sc. des Glaubens) abzielt und um deswillen sie geübt werden muß, wird die in Unsterblichkeit und Unverdorbenheit genesene Natur keine bösen Leidenschaften mehr kennen und keiner von uns weder mit einem anderen noch mit sich selbst streiten müssen. Da braucht die Vernunft den Leidenschaften nicht zu gebieten, weil es keine mehr gibt, sondern Gott wird über den Menschen gebieten ..."

222 Ibid. XX, 9: "Ab his igitur malis alieni, sive adhuc in ista mortali carne viventes sive defuncti, regnant cum Christo iam nunc modo quodam *huic tempori congruo* per totum hoc intervallum, quod numero mille significatur annorum." - "Von all diesem Bösen halten sie (die Gläubigen) sich fern, mögen sie noch in diesem sterblichen Fleisch leben oder schon gestorben sein, und herrschen schon jetzt mit Christus *auf eine dieser Zeit angemessene Weise* während der ganzen Weltperiode, die mit der Zahl der tausend Jahre gekennzeichnet wird." Zu Augustins Anschauung vom gegenwärtigen Zeitalter als der Zwischenzeit des tausendjährigen Reiches s. Anm. 39.

und für eine durch Gottes Gnade ermöglichte Veränderung zum Besseren hin einzutreten[223]. Daß diese Entscheidungen im Raume des Relativen und Vorläufigen von Bedeutung sind für das Endgültige und Vollkommene, ist für Augustin selbstverständlich.

Angesichts der menschlichen "Schwachheiten" und der "Versuchungen durch sündhafte Leidenschaften" müssen solche Entscheidungen in der ständigen Hinwendung zu Gott getroffen werden. So wird "das Leben selbst zu einem an ihn gerichteten Gebet[224]." Das Opfersein der Kirche im Dienst an der Welt ist nur durchzuhalten, wenn in ihm der "Schrei" um Vergebung täglich zu Gott emporsteigt[225]. Zu diesem Gebet gehört auch

223 Ibid. XX, 26: "tamquam diceret: cum vos mutaverit in deterius culpa vestra et in melius gratia mea ego non mutor." - "Es ist, wie wenn er sagte: während ihr durch eure Schuld zum Schlechteren und durch meine Gnade zum Besseren umgewandelt werdet, wandle ich mich nicht." Mit dem Problem der "billigen Gnade" setzt sich Augustin civ. XXI, 27 auseinander. Gegen falsche Sicherheit und menschliche Bequemlichkeit ist daran festzuhalten, daß es "*am Eifer, durch Gebet und wachsames Bemühen zum Besseren voranzuschreiten*, nicht fehlen darf" - "*studium in meliora proficiendi orando et instando vigilantius adhibetur.*" Von der Notwendigkeit und Schwierigkeit, irdische Herrschaft auszuüben, und von der Aufhebung aller Herrschaft im himmlischen Vaterhaus handelt XIX, 16.

224 Ibid. XIX, 27: "Nam profecto quamquam imperetur, nequaquam sine conflictu vitiis imperatur; et utique subrepit aliquid in hoc loco infirmitatis etiam bene confligenti sive hostibus talibus victis subditisque dominanti, unde si non facili operatione, certe labili locutione aut volatili cogitatione peccetur." - "Denn wahrlich, wenn die Vernunft auch über die sündhaften Leidenschaften herrscht, so doch nicht ohne Kampf, und an diesem Ort der Schwachheit schleicht sich selbst dann, wenn sie tapfer kämpft und den besiegten und unterworfenen Feinden gebietet, immer wieder etwas ein, was zur Sünde Anlaß gibt, wenn nicht in leichtfertiger Tat, so doch in leichtentschlüpftem Wort und in flüchtigem Gedanken." Ibid. XIX, 23: "Nam Deus quidem, utpote omnium pater, nullius indiget; sed nobis est bene, cum eum per iustitiam et castitatem aliasque virtutes adoramus, *ipsam vitam precem ad ipsum facientes* per imitationem et inquisitionem de ipso." - "Denn Gott, der Vater aller, bedarf keines Menschen, aber uns kommt es zugute, wenn wir ihn durch Gerechtigkeit, Keuschheit und andere Tugenden anbeten und so *unser Leben selbst* durch Nachahmung und Nachsinnen über ihn *zu einem an ihn gerichteten Gebet machen.*"

225 Ibid, XIX, 27: "Testis est oratio totius civitatis Dei, quae peregrinatur in terris. Per omnia quippe membra sua *clamat* ad Deum: Dimitte nobis debita nostra, sicut et nos dimittimus debitoribus nostris. Nec pro eis est efficax haec oratio, quorum fides sine operibus mortua est; sed pro eis, quorum fides per dilectionem operatur. Quia enim Deo quidem subdita, in hac tamen condicione mortali et corpore corrup-

122

die Fürbitte für den irdischen Staat: "Zwar wird das Gottesvolk durch den Glauben von Babylon befreit, doch muß es einstweilen noch bei ihm als Pilgrim weilen. Deswegen ermahnte auch der Apostel (I Tim 2,2) die Kirche, für seine Könige und Würdenträger zu beten, und fügte hinzu: Auf daß wir ein ruhiges und stilles Leben führen mögen in aller Gottseligkeit und Liebe. Und auch der Prophet Jeremia (29,7), der dem alten Gottesvolk die Gefangenschaft vorhersagte und ihm im Namen Gottes befahl, gehorsam nach Babylon zu gehen und durch solche Geduld seinem Gott zu dienen, mahnte es, für dies Babylon zu beten. Denn, so sagte er, ihr Friede ist auch euer Friede, wobei er natürlich nur an den zeitlichen Frieden dachte, der Guten und Bösen gemeinsam ist[226]." Das Opfersein der Kirche und jedes einzelnen Christen verwirklicht sich in dieser Weltzeit als ein Leben aus der Gnade und Vergebung, aus dem Glauben, der die Hoffnung künftiger und bleibender Seligkeit aus sich heraus gebiert und in der fürbittenden und tätigen Liebe schon jetzt und hier wirksam ist. Die ganze, Himmel und Erde umfassende Spannung dieser eschatologischen Existenz der Kirche, die mit dem Begriff des Opferseins umschlossen ist, wird von Augustin in prägnanter Kürze so formuliert: "Als die himmlische wandert die Kirche auf Erden, macht sich keine falschen Götter, sondern verdankt sich in ihrem ganzen Sein dem wahren Gott, für den sie ein wahres Opfer sein soll[227]." Damit ist klargestellt, von woher in dieser Welt allein Verän-

tibili, quod adgravat animam, non perfecte vitiis imperat ratio, ideo necessaria est iustis talis oratio." - "Das (sc. die Notwendigkeit immer erneuter Sündenvergebung) bezeugt das Beten des ganzen Gottesstaates, solange er auf Erden pilgert. Denn in allen seinen Gliedern *ruft* er zu Gott: Vergib uns unsere Schuld, wie wir vergeben unsern Schuldigern. Dies Gebet nützt freilich denen nichts, deren Glaube ohne Werke und tot ist, sondern nur denen, deren Glaube durch die Liebe tätig ist. Doch weil ihre Vernunft zwar Gott untertan ist, aber in diesem sterblichen Dasein und bei der Belastung der Seele durch den sterblichen Leib die sündhaften Leidenschaften nicht völlig beherrscht, bedürfen auch die Gerechten noch dieses Gebetes."

226 Ibid. XIX, 26: "ex qua ita per fidem populus Dei liberatur, ut apud hanc interim peregrinetur. Propter quod et apostolus admonuit ecclesiam, ut oraret pro regibus eius atque sublimibus, addens et dicens : Ut quietam eam et tranquillam vitam agamus cum omni pietate et caritate, et Propheta Hieremias, cum populo Dei veteri praenuntiaret captivitatem et divinitus imperaret, ut oboedienter irent in Babyloniam Deo suo etiam ista patientia servientes, monuit et ipse ut oraretur pro illa dicens: Quia in eius est pace *pax* vestra, utique interim *temporalis*, quae *bonis malisque communis est*."

227 Ibid. XVIII, 54: "illa (sc. civitas Dei) autem, quae *caelestis* peregrinatur *in terra*, falsos deos non facit, sed a vero Deo ipsa fit, cuius *verum sacrificium ipsa* sit."

derungen zum Besseren hin zu erwarten und möglich zu machen sind: von einer Kirche, die mit ihrer eigenen Existenz in jenem Jenseits verankert ist, das sich menschlicher Machbarkeit und Verfügbarkeit entzieht, dessen in die Gegenwart hineinwirkende Kräfte es möglich machen, auch für die irdische Zukunft bessere Perspektiven zu erschließen.

Die Kirche hat das der ganzen Welt geltende Versöhnungswerk des singulären Opfers Christi an sich erfahren und angenommen, sie ist "versöhnte Welt" ("mundus reconciliatus"). Als universales Opfer für Gott und die Menschen hat sie den Auftrag und die Vollmacht, sich betend und handelnd, "interpellierend und pazifizierend", für diese Welt einzusetzen, um sie an der endgültigen Erlösung "partizipieren" zu lassen. In diesem Sinne umfaßt das Opfersein der Kirche auch ihren missionarischen Auftrag: Die Welt, die das auch ihr geltende Versöhnungswerk Christi noch nicht an sich hat wirksam werden lassen, soll "der Kirche, d.h. dem Opferleib Christi, inkorporiert werden[228]." Der Auftrag der Kirche weist also über sich selbst hinaus, er zielt darauf, daß in ihr, mit ihr und durch sie das gesamte All zu Christus hinwächst. (Epheser 4, 15-16) Indem der Leib Christi seine eigene Erbauung besorgt, besorgt er zugleich das Wachsen des Weltganzen zu Christus hin.

Dabei geht es nicht um die Auflösung der Kirche in die Welt hinein, von der manche nicht erst heute träumen. Es geht aber auch nicht um eine kirchliche Vereinnahmung der Welt im Sinne klerikaler Machtausübung. Es geht vielmehr um den Christusleib, der das Universum ganz umfassen soll. Es geht um das Opfersein der ganzen Schöpfung. Nur eine Kirche, die in liebender Hingabe sich als universales Opfer versteht und bewährt, kann als Leib Christi und das heißt hier nun auch als Werkzeug Gottes an der Heimholung der ganzen Schöpfung in das Reich der Liebe, Gerechtigkeit und des Friedens mitwirken. Es ist daher nicht von ungefähr, daß bei Augustin dem sakramentalen Indikativ, in dem die Kirche als universales Opfer durch Christus Gott dargebracht wird, der ethische Imperativ der apostolischen Mahnung zugeordnet ist, was in der häufigen Zitierung von Römer 12,1-3 zum Ausdruck kommt: "Bringt eure Leiber als ein lebendiges, heiliges Opfer dar, das Gott wohlgefällig ist und das sich in vernünftiger Hingabe bewährt[229]."

---

228 Serm. 149, 6, 7: "ut tamquam cibus mundus incorporaretur Ecclesiae, hoc est corpori Domini." S. meine Arbeit, Totus Christus, 204.
229 Civ. X, 6 u.ö.

Wir können also zusammenfassend feststellen: Nicht nur im sakramentalen und eschatologischen Geschehen, sondern auch im Verhältnis der Kirche und der einzelnen Christen zur Welt bildet das Opfersein den Kristallisationspunkt, in dem die verschiedenen Aspekte des Heilsgeschehens für Augustin zusammenfließen. Gegenüber aller schwärmerischen Vorwegnahme des Endzieles erscheint es beachtlich, mit welcher Nüchternheit Augustin die Möglichkeiten des Christseins in dieser von Gott abgefallenen und vorübergehenden Welt beurteilt. Auf dieser mühsamen und wechselvollen Wanderschaft kann das Vollkommene von Menschen nicht erreicht werden. Hier können wir nur, "von Tag zu Tag fortschreitend", kleine Schritte auf das Ziel hin richten. Selbst die Gerechtigkeit und der Frieden, um die sich Christen bemühen und die an den eschatologischen Zielvorstellungen orientiert sind, unterliegen in dieser Weltzeit der Fragwürdigkeit und Unvollkommenheit: "Doch hienieden ist der Friede, und zwar sowohl der Allerweltsfriede als auch unser Christenfriede, derart, daß man ihn eher Trost im Elend als Freude an der Glückseligkeit nennen kann. Ist doch selbst unsere Gerechtigkeit zwar wahr wegen des wahren Gutes, das sie als Ziel erstrebt, aber in diesem Leben nur so armselig, daß sie mehr in Vergebung der Sünden als in Vollendung der Tugenden besteht[230]."

In dieser Haltung kommt ein dialektisches Verhältnis zur Wirklichkeit dieser Welt zum Ausdruck, das vernunftgemäße Distanz mit tatkräftigem Engagement zu verbinden weiß. Das sakramentale und eschatologische Opfersein kann sich in den hier und jetzt geforderten alltäglichen Entscheidungen nur so bewähren, daß das Endziel (pax finalis) nicht aus dem Auge gelassen wird, aber seine annähernde Verwirklichung in einer dieser Weltzeit "angemessenen Weise" angestrebt wird.

Diese häufig mißverstandene, hochdifferenzierte, aber durchaus klare Konzeption Augustins für das Verhältnis der Kirche zur Welt wurde von uns durch eine immanente Interpretation der Texte erhoben. Wir sind uns jedoch dessen bewußt, daß diese augustinische Position ihre geistesgeschichtlichen Hintergründe hat, die in der Lebensgeschichte Augustins ihren Niederschlag gefunden haben. In dieser Position kommen sowohl manichäische als auch neuplatonische Einflüsse auf eine solche Weise zum Zuge, daß dadurch Grundelemente biblischen Denkens zur Geltung ge-

---

230 Ibid. XIX, 27: "Sed hic sive illa communis sive nostra propria talis est pax, ut solacium miserae sit potius quam beatitudinis gaudium. Ipsa quoque nostra iustitia, quamvis vera sit propter verum boni finem, ad quem refertur, tamen tanta est in hac vita, ut potius remissione peccatorum constet quam perfectione virtutum."

bracht werden. Der durch den biblischen Schöpfungsgedanken gebändigte *Dualismus* des Manichäismus ließ Augustin an der biblischen Antithetik von Gott und Teufel, civitas dei und civitas terrena, Kirche und Welt festhalten. Neuplatonische Denkweise gab ihm demgegenüber die Möglichkeit, die irdischen Verhältnisse mit der eschatologischen Reich-Gottes-Erwartung in Beziehung zu setzen, also eine gewisse *Analogie* herzustellen[231]. Dadurch gewann er Impulse und Maßstäbe, auf die Verbesserung der irdischen Verhältnisse hinzuwirken, ohne jedoch der Illusion zu verfallen, diese vergehende Welt könne jemals durch menschliche Bemühungen in das Reich Gottes verwandelt bzw. "verchristlicht" werden. Die ekklesiologische Entfaltung des Opfergedankens im Rahmen der Corpus-Christi-Theologie bildet bei Augustin den neuralgischen Punkt, an dem manichäische und neuplatonische Denkweise dazu beitragen, die biblische Antithetik einerseits und das biblische Hineinwirken in die Welt andererseits so miteinander zu verbinden, daß sie als spannungsvolle Einheit zur Geltung kommen[232].

§ 16 Der Dienst der Kirche an der Welt in den Lima-Texten

Wir mußten in dem vorhergehenden Abschnitt unserer Untersuchung die Konzeption Augustins hinsichtlich der Weltverantwortung etwas ausführlicher darstellen, um von daher die diesbezüglichen Positionen der Lima-Texte beurteilen und würdigen zu können. Die Klarheit, Durchsichtigkeit und Präzision der augustinischen Konzeption können für das heutige Den-

---

231 Der irdische Staat kann in seiner Unvollkommenheit von sich selbst weg auf den himmlischen Staat hinweisen. Insofern dient er als Nachbild des himmlischen Staates. S. civ. XV, 2: "Pars enim quaedam terrenae civitatis imago caelestis civitatis effecta est, non se significando, sed alteram, et ideo serviens." - "Denn ein Teil des irdischen Staates ward zum Nachbild des himmlischen Staates, weist nicht auf sich selber, sondern auf den anderen hin und ist darum dienstbar."

232 Soweit ich sehen kann, wird diese Funktion bei Luther durch den Berufsgedanken wahrgenommen, wie er vor allem von der skandinavischen Lutherforschung herausgestellt wurde. S. Gustaf Wingren, Luthers Lehre vom Beruf, München 1952. Die Vernachlässigung des Berufsgedankens rückte Luthers Lehre von den beiden Regimenten in die Nähe eines manichäischen Dualismus und machte den Gedanken der Entsprechung (Analogie) zwischen Reich Gottes und irdischem Staat erforderlich, wie sie in der Konzeption von Karl Barth und Barmen V vorliegt.

ken in Theologie und Kirche Maßstäbe setzen, die für das ökumenische Gespräch fruchtbar gemacht werden sollten[233].

Wenn wir uns nun den entsprechenden Aussagen der Lima-Texte zuwenden, dann können wir ein hohes Maß von Übereinstimmung, die bis in einzelne Formulierungen hineinreicht, feststellen. Dies gilt zunächst für die Zielvorstellung. Nach LE 4 "bezeichnet die Eucharistie das, was die Welt werden soll: Gabe und Lobpreis für den Schöpfer, eine *universale Gemeinschaft im Leibe Christi*, ein Reich der Gerechtigkeit, Liebe und des Friedens im Heiligen Geist." Hier wird also nicht, wie es heute gelegentlich auch in der Kirche geschieht, eine Welterlösung postuliert, die an Christus und seiner Kirche, seinem Leibe, vorbei zu haben wäre. Mit dem, was in der Eucharistie vorweggenommen wird, kommt das in den Blick, was Gott für seine ganze Schöpfung vorgesehen und bestimmt hat. LE 22: "Die Eucharistie eröffnet die Schau der göttlichen Herrschaft, die als *letztgültige Erneuerung der Schöpfung* verheißen wurde, und ist deren Vorgeschmack." Der missionarische Aspekt der Eucharistie wird LE 26 zum Ausdruck gebracht: "So wie die eucharistische Versammlung ein Volk wird, indem sie das Mahl des einen Herrn teilt, muß sie darum besorgt sein, auch diejenigen zu sammeln, die gegenwärtig außerhalb ihrer sichtbaren Grenzen stehen, weil Christus alle zu seinem Fest geladen hat, für die er gestorben ist."

Der Bezug der Eucharistie zur Welt wird ebenso deutlich ausgesprochen in LE 25: "Die Feier der Eucharistie selbst ist ein Beispiel der Teilnahme der Kirche an Gottes Sendung in die Welt. Diese Teilnahme nimmt alltägliche Form an in der Verkündigung des Evangeliums, im Dienst am Nächsten und in der glaubwürdigen Präsenz in der Welt."

Den Auftrag der Versöhnung in der Welt betont LE 24: "In der Eucharistie versöhnt, sind die Glieder des Leibes Christi berufen, Diener der Versöhnung unter Menschen und Zeugen der Auferstehungsfreude zu sein. Wie Jesus zu den Zöllnern und Sündern ging und mit ihnen während seines Dienstes auf Erden Tischgemeinschaft hielt, so werden Christen in der Eucharistie aufgerufen, mit den Ausgestoßenen solidarisch zu sein und Zeichen der Liebe Christi zu werden, der für alle gelebt und sich hingegeben hat und sich nun selbst in der Eucharistie schenkt."

233 Die in dogmengeschichtlichen Darstellungen häufig wiederkehrende Behauptung, die "Opfervorstellung und Redemptionstheorie" Augustins seien "disparat", muß nach unseren Darlegungen als erledigt betrachtet werden. Dies zu *Friedrich Loofs*, hg. von *Kurt Aland*, Leitfaden zum Studium der Dogmengeschichte, Tübingen 1959, 318 Anm. 14.

Dieser Weltbezug der Eucharistie wird auch deutlich in der Aussage LE 23, welche die Verankerung derselben im trinitarischen Gottesglauben bezeugt: "Die Welt, der Erneuerung verheißen ist, ist in der ganzen eucharistischen Feier gegenwärtig. Die Welt ist in der Danksagung an den Vater gegenwärtig, wo die Kirche für die ganze Schöpfung spricht; sie ist gegenwärtig im Gedächtnis (memorial) Christi, wo die Kirche, vereint mit ihrem Hohenpriester und Fürsprecher, für die Welt betet; im Gebet um die Gabe des Heiligen Geistes, wo die Kirche um Heiligung und Neuschöpfung bittet." Vgl. auch LE 3.

Die Verbindung zwischen dem Empfang der eucharistischen Gabe des singulären Opfers Christi mit dem universalen Opfersein der Kirche und der Christen in der Welt wird mit dem Hinweis auf Röm 12,1 ff und I Petr 2,5 in LE 10 hervorgehoben: "In Christus bringen wir uns selbst dar als ein lebendiges und heiliges Opfer in unserem täglichen Leben; dieser geistliche Gottesdienst, der Gott gefällt, wird in der Eucharistie genährt, in der wir in Liebe geheiligt und versöhnt werden, um Diener der Versöhnung in der Welt zu sein."

Was Augustin mit dem "totalen Opfersein" bezeichnet, wird LE 20 mit aller Deutlichkeit umschrieben: "Die Eucharistie umgreift alle Aspekte des Lebens. Sie ist ein repräsentativer Akt der Danksagung und Darbringung für die ganze Welt. Die eucharistische Feier fordert Versöhnung und Gemeinschaft unter all denen, die als Brüder und Schwestern in der einen Familie Gottes betrachtet werden, und sie ist eine ständige Herausforderung bei der Suche nach angemessenen Beziehungen im sozialen, wirtschaftlichen und politischen Leben (Mt 5,23f.; I Kor 10, 16f.; 11,20-22; Gal 3,28). Alle Arten von Ungerechtigkeit, Rassismus, Trennung und Mangel an Freiheit werden radikal herausgefordert, wenn wir miteinander am Leib und Blut Christi teilhaben. Durch die Eucharistie durchdringt die alles erneuernde Gnade Gottes die menschliche Person und Würde und stellt sie wieder her. Die Eucharistie nimmt den Gläubigen hinein in das zentrale Geschehen der Geschichte der Welt." Hier wird man freilich fragen müssen, ob nicht die Sozialutopien der modernen Befreiungstheologie den Charakter dieser Weltzeit als einer vorübergehenden Zwischenzeit so stark verdecken, daß der eschatologische Vorbehalt verlorengeht. Diese Anfrage erhält durch die Fortsetzung des zitierten Abschnittes noch verstärktes Gewicht: "Als Teilnehmer an der Eucharistie erweisen wir uns daher als unwürdig, wenn wir uns nicht aktiv an der ständigen Wiederherstellung der Situation der Welt und der menschlichen Lebensbedingungen beteiligen." Der Begriff der "Wiederherstellung" (restitutio) ist in der Tradition der abendländischen Theologie der eschatologischen Erneuerung vorbehalten, deren Verwirklichung durch Jesus Christus Gott am Ende dieser Weltzeit verheißen hat. Abgesehen von der exegetischen Frage, ob hier die paulinische Warnung vor dem "unwürdigen" Empfang der eucharistischen Gaben richtig verstanden ist, muß dazu festgestellt werden, daß die Wiederherstellung des ursprünglichen Schöpfungszustandes uns zwar verheißen ist und in der Eucharistie sakramental vorweggenommen wird, aber in dieser Weltzeit durch kein menschliches Bemühen erreicht werden kann. Richtiger wäre es gewesen, hier, im Sinne Augustins, von einer schrittweise vor sich gehenden Wende zum Besseren hin zu reden. Was mit den nachfolgenden Ausführungen beschrieben wird, kann nicht nur als ein zeitbedingtes Versagen der Christenheit verstanden werden, sondern kennzeichnet unsere Situation in dieser Welt bis zur endzeitlichen Vollendung: "Die Eucharistie zeigt uns, daß unser Verhalten der versöhnenden Gegenwart Gottes in der menschlichen Geschichte in keiner Weise entspricht: Wir werden ständig vor das Gericht gestellt durch das Fortbestehen der verschiedensten ungerechten Beziehungen in unserer Gesellschaft, der mannigfachen Trennungen auf Grund menschlichen Stolzes, materieller Interessen und Machtpolitik und vor allem der Hartnäckigkeit ungerechtfertigter konfessioneller Gegensätze innerhalb des Leibes Christi." Wenn damit gesagt werden soll, daß wir im Spiegel des eucharistischen Geschehens uns, auch uns Christen, und die Wirklichkeit dieser von Gott abgefallenen Welt richtig erkennen und dadurch zu "fruchtbarer Buße" getrieben werden, kann man dem Gesagten nur zustimmen. Hier wäre dann freilich auch ein Hinweis auf die Bitte um Sündenvergebung angebracht, die nach den "Gesichtspunkten" der EKD in den Lima-Texten zur Eucharistie nicht hinreichend zur Geltung gebracht wird[234].

Was LE 21 über den Zusammenhang zwischen Eucharistie und Diakonie gesagt wird, findet unsere volle Zustimmung. In die gleiche Richtung zielen die Aussagen von LA 31 u. K über das diakonische Amt und "die wechselseitige Abhängigkeit von Gottesdienst und Dienst im Leben der Kirche." Die aufopferungsvolle Arbeit unserer Diakone und Diakonissen ist der der Welt zugewandte Teil des Opfergeschehens in der Eucharistie. Es ist zu begrüßen, daß in vielen Kirchen über diesen Dienst und seine Anbindung an das gottesdienstliche Geschehen der Eucharistiefeiern neu nachgedacht wird. Die Konsekration sollte den ordinierten Amtsträgern vorbehalten bleiben, die Austeilung jedoch nach Möglichkeit den Diakonen

234 S. Anm. 9.

und Diakonissen, gegebenenfalls auch den Katecheten und Lektoren übertragen werden.

Wenn LE 20 von "ungerechtfertigten konfessionellen Gegensätzen *innerhalb* des Leibes Christi" geredet wird, dann scheint mir dies den tatsächlichen Tatbestand der *Spaltung* des Leibes Christi nicht korrekt zu beschreiben. Mit Verschiedenheiten, ja bis zu einem gewissen Grade auch mit Gegensätzen innerhalb des einen Leibes Christi könnte man sich "in hac interim vita" abfinden. Sie hat es auch in neutestamentlicher Zeit gegeben, und sie gibt es auch heute faktisch in allen Kirchen. Solange aber nicht alle Christen mit ihren Verschiedenheiten und ihren von Christus her zu relativierenden Gegensätzen am "Sakrament der Einheit" und also an dem universalen und totalen Opfersein des Totus Christus sich beteiligen können, muß korrekterweise von einer Spaltung des Leibes Christi geredet werden. Und diese kann nicht mit anderen Sünden gleichgeordnet werden, sondern ist als die Ursünde zu bezeichnen, von der alle anderen Sünden, Trennungen und Spaltungen abzuleiten sind.

Auch der letzte Satz von LE 26 kann nur als eine Verharmlosung dieser Tatsache bezeichnet werden: "Solange sich Christen nicht in voller Gemeinschaft um denselben Tisch vereinigen können, um vom selben Brot zu essen und um vom selben Kelch zu trinken, wird ihr missionarisches Zeugnis auf der persönlichen wie gemeinschaftlichen Ebene geschwächt." Demgegenüber muß klargestellt werden, daß es sich bei der Spaltung des Leibes Christi nicht nur um eine Schwächung des Zeugnisses der Christen handelt. Mit der Spaltung des Leibes Christi wird vielmehr die Ursünde Adams wiederholt, die das Einigungswerk, das Gott mit Christus und seiner Kirche in Gang gesetzt hat, zunichte zu machen droht. Für Augustin besteht die Ursünde des Menschen darin, daß er sich von Gott getrennt hat und daß die Trennung zwischen Menschen und Völkern die Folge dieser Trennung von Gott ist. Wenn Gott nun mit der Sendung Jesu Christi und mit der Sammlung der einen Kirche kein anderes Ziel im Auge hat, als eben diese Trennungen der "Adamsmenschheit" aufzuheben, dann wird erst das ganze Gewicht und die außerordentliche Besonderheit jener Sünde sichtbar, durch welche das Unmögliche, nämlich die Spaltung des Leibes Christi, nun doch geschehen ist. Hier wird die Tiefendimension dessen sichtbar, was mit Sündenvergebung eigentlich gemeint ist: die gnadenhafte Aufhebung aller Trennungen. Darum kann Augustin sagen, daß durch Sündenvergebung unsere Einigkeit mit den Engeln hergestellt wird und daß die Kirche auf Erden mit der Sündenvergebung steht und fällt[235].

235 Enchir. 64: "Concordant autem nobiscum angeli etiam nunc, cum remittuntur nost-

Wir sahen, daß für Augustin das Sein mit dem Einssein identisch ist. Jeder Abfall von der Einheit ist eine Veränderung, die zum Nichtsein hin tendiert. Es ist "defizientes Sein", das auf die Seinsvernichtung hinzielt. Gegenüber dieser Entwicklung bedeutet das singuläre, universale und totale Opfersein des Totus Christus eine auf den ganzen Kosmos hinzielende Zeitenwende zur Rettung des Seins. Geschöpfliches Sein als Einssein ist nur möglich als Opfersein, d.h. als ein Sein, das in der Hingabe an Gott und den Mitmenschen sich verwirklicht[236]. Ein Sein, das sich vom Gut des Einsseins im Opfer entfernt, ist Verlust, ja Raub des guten Seins[237]. Erst auf diesem Hintergrund wird das ökumenische Problem der Einheit in seiner letzten Tiefe sichtbar. Das singuläre, universale und totale Opfer, das wir in der Eucharistie feiern, verlangt mit einer Dringlichkeit nach der einen Kirche in dem einen Leib Christi, von der sich viele Christen noch kaum eine Vorstellung machen können. Die Kirche der Zukunft wird entweder eine ökumenisch-katholische Kirche sein, in der die vielen verschiedenen Glieder in "einherziger Verschiedenheit" (concors differentia) mit Christus und untereinander verbunden sind, oder sie wird selbst und mit ihr die gesamte Schöpfung den Mächten des Nichtigen preisgegeben sein.

ra peccata. Ideo post commemorationem sanctae ecclesiae in ordine confessionis ponitur remissio peccatorum. Per hanc enim stat ecclesia, quae in terris est." - "Aber auch jetzt schon besteht zwischen uns und den Engeln Einigkeit, wenn unsere Sünden nachgelassen sind. Deshalb wird nach der Erwähnung der heiligen Kirche in der Anordnung des Bekenntnisses die Vergebung der Sünden gestellt. Mit der Sündenvergebung nämlich steht und fällt die Kirche, soweit sie auf Erden ist." Zur Frage der Einheit der Kirche hat sich Augustin vor allem in den Auseinandersetzungen mit den Donatisten immer wieder geäußert. S. unit eccl.

236 Was von den gefallenen Engeln gesagt wird, gilt von der gesamten Schöpfung. Civ. XII, 9: "deficiendo mutati sunt." - "Durch ihren Abfall wurden sie verändert." Vgl. Civ. XII, 23.28; S. auch XI, 26 u. 27, wo das Sein (esse), das Wissen vom Sein (nosse) und die Liebe zum Sein (amare) als Abbild der Trinität im Wesen des Menschen entfaltet wird. Zur Ontologie Augustins s. *Rudolf Schneider*, a.a.O. 132: "Es ist zu beachten, daß der Seinszustand gebessert bzw. verschlechtert werden, d.h. durch qualitative Veränderung das Seiende weder vernichtet noch gesetzt werden kann, wohl aber eine Verbesserung bzw. Verschlechterung bewirkt wird, von denen jene die *Richtung* auf Seinsvollkommenheit, diese die Richtung auf Seinsvernichtung hat. Was das Seiende in Richtung auf Seinsvollkommenheit verändert, ist das Seinsrettende."

237 Civ. XI, 9: "amissio boni mali nomen accepit" - "Der Verlust des Guten hat den Namen des Bösen angenommen." u.ö. S. *Rudolf Schneider* a.a.O. 169: "Die Einheit ist mit dem Sein konvertibel."

Der heilige Geist, der in den Konvergenzen von Lima am Werk ist, will die Kirche und mit ihr die gesamte Schöpfung davor bewahren und der endgültigen Vollendung des Erlösungswerkes in Jesus Christus entgegenführen. Wir fassen zusammen:

In der Konsequenz des eucharistischen Opfermahles ist die Kirche bevollmächtigt, sich selbst, auf dem Wege durch diese Weltzeit, im Dienst der Versöhnung, des Friedens, der Liebe und Barmherzigkeit für die Welt aufzuopfern und sich in dieser Welt für Veränderungen zum Besseren hin einzusetzen.

Sie lädt alle Menschen ein, sich in einer dieser Weltzeit angemessenen Weise in das universale Opfersein hineinnehmen zu lassen, an der Einheit der Verschiedenen teilzuhaben und die endgültige Erlösung von Gott zu erwarten.

Das wahre Opfer als Überwindung des falschen Holocaust

Der Opferbegriff steht nicht nur im kirchlich-theologischen Bereich zur Diskussion. Als Beispiel möge ein Zitat dienen, in dem ein Politiker und Diplomat die Frage stellt: "Kann man angesichts der Möglichkeit des Untergangs zumindest unserer abendländischen Welt ... der hedonistischen Konsumgesellschaft eine - zumindest auf eine Minderheit beschränkte - freie Verzichts- und *Opfergesellschaft* entgegenstellen, die das Überleben unserer Werte sichern könnte[238]?" Eine solche Opfergesellschaft gibt es: "die Versammlung und Gemeinschaft der Heiligen, das universale Opfer[239]." Dies aufzuzeigen ist der Sinn dieser Untersuchung des augustinischen Opfergedankens und des Vergleiches mit den Aussagen der Lima-Texte zur Eucharistie. Jesus Christus ist der "ewige Hohepriester" (sacerdos in aeternum), der durch das Ganzopfer (holocaustum) seines Lebens uns von Sünden gereinigt und dazu befreit hat, unser ganzes Leben als Opfer für Gott und die Menschen in der Feier der Eucharistie darzubringen[240]." Indem wir dem, der uns geschaffen hat, unser Leben zurück-

238 *Gustav Adolf Sonnenhol*, Im Gespräch, 1983, H. 4.
239 Civ. X, 6: "Congregatio societasque sanctorum, universale sacrificium".
240 Vgl. Div. quaest. 61, 2: " ... mundatio peccatorum, quam Dominus *oblatione holocausti sui*, quod in veteri sacerdotio figurabatur, implevit: et holocausti eius imaginem ad memoriam passionis suae in ecclesia celebrandam dedit, ut esset sacerdos in aeternum." - "Unser Herr hat durch die *Darbringung seines Ganzopfers*, das im Priestertum des alten Bundes abgebildet war, die *Reinigung von Sünden* bewirkt:

geben, werden wir neu geschaffen[241]."

Der Begriff "holocaustum", den Augustin verhältnismäßig selten für den Begriff "sacrificium" benützt, weckt in uns Assoziationen, die uns den Zustand der Welt, wie sie noch heute ist, vor Augen führen. Wir denken an den millionenfachen Holocaust, der in unserem Volk an den Juden vollzogen wurde. Wir sehen aber auch, wie dieser Holocaust, heute hier, morgen dort, offensichtlich zur furchtbaren "Tagesordnung" dieser Welt gehört. Der von Gott abgefallene Mensch kann es im Zuge seiner Selbstbehauptung nicht lassen, immer wieder andere Menschen für sich aufzuopfern, in blutigen Kriegen und Revolutionen, aber auch auf andere Weise.

Jesus Christus ist der eine und einzigartige Mensch, der diesen Reaktionsmechanismus des Sich-gegenseitig-Aufopferns durchbrochen hat: Er opfert nicht andere für sich, sondern er opfert sich für andere. Augustin konnte für seine Zeit feststellen, daß damit allen anderen Opfern ein Ende gesetzt wurde: "Dem einen höchsten und *wahren* Opfer sind alle *falschen* Opfer gewichen[242]." Was Augustin damals von den heidnischen und alttestamentlichen Kultopfern sagte, gilt grundsätzlich von allen blutigen und unblutigen Menschenopfern, die heute wie eh und je vollzogen werden und deren Blut aus den Gräbern der Geschichte gen Himmel schreit. Sie alle sind "falsche" Opfer, weil sie die Menschheit dem Verderben gegenseitiger Selbstzerstörung preisgeben.

Mitten in dieser Welt der falschen Opfer feiert die Kirche das Liebesopfer der Eucharistie. Hier lernt sie es immer wieder neu, als der Leib des einen Hauptes, "sich selbst durch ihn (Jesus Christus) als Opfer darzubringen[243]." Angesichts dieses Liebesopfers erweist sich der falsche, gottwidrige und menschenfeindliche Holocaust als ein Anachronismus, der keine Zukunft hat.

Mit dem einzigartigen, befreienden und erlösenden Ganzopfer, das Gott in Jesus Christus ein für allemal vollzogen hat und das die Kirche danksagend und lobpreisend in der Feier der Eucharistie empfängt, um es als universales Opfer im Lebensvollzug an andere Menschen weiterzugeben, öffnet sich der dunkle Horizont der Menschheitsgeschichte und gibt den Weg

---

und das *Abbild dieses seines Ganzopfers* hat er *zum Gedächtnis seines Leidens* gegeben, das *in der Kirche zu feiern* ist, damit er der ewige Hohepriester sei."

241 Vgl. serm. 117, 1: "quod per ipsum Verbum factum est, hoc ei redditur, ut reficiatur."

242 Civ. X, 20: "Huic summo veroque sacrificio cuncta sacrificia falsa cesserunt."

243 Ibid.: "se ipsam per ipsum discit offerre."

frei in eine Zukunft, in der Gott herrlich vollenden wird, was er im Opfersein Jesu Christi und seiner Kirche begonnen hat.

Votum zum eucharistischen Geschehen:

Wir empfangen den Leib Christi,
das einzigartige Opfer
für Gott und die Menschen,
das uns erlöst und verwandelt.
Und wir werden, was wir empfangen:
Leib Christi,
Gemeinschaft von Menschen,
die als allumfassendes Opfer
für Gott und die Menschen
in der Hingabe als Ganzopfer
ihr Leben erfüllen und vollenden.

Quellen

Augustin
Gesamtausgaben

Corpus scriptorum ecclesiasticorum latinorum, Wien 1866 ff	*CSEL*
Patrologiae cursus completus, series latina, Accurante Jaques Paul Migne, Paris 1878 ff	*PL*

Sammlungen ausgewählter Schriften

Florilegium Patristicum tam veteris quam medii aevi auctores complectens, ediderunt Bernhardus Geyer et Johannes Zellinger, Bonn	*FP*
SS. Eusebii Hieronymi et Aurelii Augustini epistolae mutuae, ed. Josefus Schmid, Bonn 1930	*FP fasc. 22*
Aurelii Augustini liber de videndo Deo seu epistula 147, ed. Michael Schmaus, Bonn 1930	*FP fasc. 23*
Aurelii Augustini De doctrina christiana, ed. Henr. Jos. Vogels, Bonn 1930	*FP fasc. 24*
Aurelii Augustini liber de beata vita, ed. Michael Schmaus, Bonn 1931	*FP fasc. 27*
Aurelii Augustini epistolae 119/120, Rec. Michael Schmaus, Bonn 1933	*FP fasc. 33*
Aurelii Augustini textus eucharistici selecti, ed. Hugo Lang, Bonn 1933	*FP fasc. 35*
Aurelii Augustini textus selecti de paenitentia, collegit et notis illustravit Bernhardus Poschmann, Bonn, 1934	*FP fasc. 38*
Bibliothek der Kirchenväter, Des heiligen Kirchenvaters Aurelius Augustinus ausgewählte Schriften, Kempten 1911 ff.	*BKV*
Deutsche Augustinus-Ausgabe (lat.-dt.), hg. v. Carl Johann Perl, Paderborn 1940 ff.	*DA*

Einzelschriften

in zeitlicher Abfolge. Auf die Jahreszahl folgen:
Titel, Abkürzungen, Hinweis auf obengen. Ausg., andere
vom Verfasser benützte Ausg. u. dt. Übers.

(386) De beata vita   *beat. vit.*
PL 32, 959 ff. CSEL 63,89 ff.
FP fasc. 27, M. Schmaus 1931
De ordine - Die Ordnung   *ord.*
PL 32,977 ff. CSEL 63, 121 ff.
DA Carl Johann Perl 1966[2]
Soliloquia - Alleingespräche   *soliloqu.*
PL 32, 869 ff. CSEL 89, 3 ff.
DA Carl Johann Perl 1955
Hanspeter Müller, Zürich 1954 (lat. u. dt.)
(387) De musica - Musik   *mus.*
PL 32, 1081 ff.
DA Carl Johann Perl 1963[3]
(389) De magistro - Der Lehrer   *mag.*
PL 32, 193 ff.
CSEL 77,5
DA Carl Johann Perl 1974[3]
(395) De libero arbitrio - Der freie Wille   *lib. arb.*
PL 32, 1221 ff. CSEL 74
DA Carl Johann Perl 1972[4]
(391) De vera religione - Die wahre Religion   *ver. rel.*
PL 34, 121 ff.
CSEL 77,5
DA Carl Johann Perl 1972
(392-420) Enarrationes in psalmos - Die Auslegung
der Psalmen   *En. in ps.*
PL 36.37.67.
DA Hugo Weber 1964 (Ausw.)
Urs von Balthasar, Leipzig 1936 (Ausw.)
(393) De fide et symbolo - Ein Buch über Glaube und
Bekenntnis   *fid. et symb.*
PL 40, 181 ff. CSEL 41.3 ff.
DA Drei Bücher über den Glauben, Carl Johann Perl 1968
(396 vollendet 426) De doctrina christiana - Über den

christlichen Glauben *doctr. christ.*
PL 34,15 ff. CSEL 80
FP fasc. 24, H.J. Vogels 1930
BKV 8, Sigisbert Mitterer 1925[2]
(396) De diversis quaestionibus LXXXIII - Dreiund-
achtzig verschiedene Fragen *div. quaest.*
PL 40, 101 ff.
DA Carl Perl 1972
(396) De agone christiano - Der christliche Kampf *agon. christ.*
PL 40, 289 ff. CSEL 41, 101 ff.
dt. Carl Johann Perl, Wien 1948
(398) Contra Faustum Manichaeum *c. Faust.*
PL 35, 1321 ff.
(399-414) De Trinitate - Die Dreieinigkeit *trin.*
PL 42, 819 ff.
BKV 11.12. M. Schmaus 1935 f.
(400) De catechizandis rudibus - Büchlein vom ersten
katechetischen Unterricht *catech. rud.*
PL 40, 309 ff.
BKV 8 Sigisbert Mitterer 1925
(400) De fide rerum quae non videntur - Ein Buch
über den Glauben an das Unsichtbare *fid. invis.*
PL 40, 171 ff.
DA Carl Johann Perl 1968
(401) Confessiones - Die Bekenntnisse *conf.*
PL 32, 659 ff. CSEL 33 BKV 7 A. Hoffmann
DA Carl Perl 1964[5]
Josef Bernhart, München 1955 (lat. u. dt.)
(401) De baptismo contra Donatistas *bapt.c.Donat.*
PL 43, 107 ff. CSEL 51.145 ff.
(405) Epistola ad Catholicos de secta Donatistorum, vulgo
De unitate ecclesiae *unit. eccl.*
PL 43, 391 ff. CSEL 52,231 ff.
(407/408 u. 416/417) Tractatus in Johannis Evangelium *in evang.Joh.*
- Vorträge über das Evangelium des hl. Johannes
PL 35,379 ff.
BKV 4-7, Thomas Specht 1913
(412) De spiritu et littera - Geist und Buchstabe *spir.et litt.*
PL 44, 201 ff. CSEL 60, 156 ff.

DA Anselm Forster 1968
(413) De fide et operibus - Ein Buch über den Glauben
und die Werke   *fid. et op.*
PL 40, 197 ff. CSEL 41, 35 ff.
BKV 8,Sigisbert Mitterer 1925
DA Carl Johann Perl 1968
(413-427) De civitate Dei - Vom Gottesstaat   *civ.*
PL 41, 13 ff. CSEL 40, Vol I u. II
Bernhard Dombart-Alphons Kalb, Teubner Leipzig 1938
BKV 1-3, Alfred Schröder 1911/1916
Wilhelm Thimme, Zürich 1978²
(416) Tractatus in epistolam Johannis - Vorträge
über die Briefe des hl. Johannes   *in epist. Joh.*
PL 34, 1977 ff.
Übers. F. Hofmann, Freiburg 1954³
(421) Contra adversarium legis et prophetarum   *leg.*
PL 42, 603 ff.
(423) Enchiridion de fide, spe et caritate - Buch
vom Glauben, von der Hoffnung und von der Liebe   *enchir.*
PL 40, 231 ff.
SQS Otto Scheel, Tübingen 1937
BKV 8, Sigisbert Mitterer 1925
DA Paul Simon 1963²
(386-429) Epistolae - Briefe   *epist. in*
PL 33 CSEL 34; 57; 58;
FP fasc. 22.23.
BKV 9; 10; A. Hoffmann 1917; ders. hg. v. H.J. Diesner,
Ausgew. Briefe, Leipzig 1966
(386-429) Sermones - Predigten   *serm.*
PL 38
Albert Schmitt, Mannheim 1947 (Ausw.)
Hans Urs von Balthasar, Augustinus, Das Antlitz der Kirche,
Köln 1942
(427) Retractationes - Die Retractationen   *retr.*
PL 32, 583 ff. CSEL 36
DA Carl Johann Perl 1976
(427) De correptione et gratia   *corrept. et.gr.*
PL 44, 915 ff.
S Kopp, Würzburg 1954

(429) De dono perseverantiae   *don. pers.*
PL 45, 933 ff.
A. Zumkeller, Würzburg 1954

Andere Quellen und Dokumente

S. Anselmi Cantuariensis Archiepiscopi liber
Cur Deus Homo, in: Florilegium Patristicum, Fasc. 18, Rec.
Franciscus Saleius Schmitt, Bonn 1929   *FP fasc. 18*
Anselm von Canterbury, Cur Deus Homo - Warum Gott
Mensch geworden, lat.-dt., Darmstadt 1956
Martin Luther: Luthers Werke in Auswahl, hg. v. Otto
Clemen ("Bonner Ausgabe"), Berlin 1-8, 1933   *BoA*
Martin Luther, Ausgewählte Werke, hg. v. H.H. Borcherdt
und Georg Merz, München 1951ff.
Bekenntnisschriften der evangelisch-lutherischen
Kirche, hg. v. Deutschen Evangelischen Kirchenausschuß,
Berlin 1930 (Ed.pr.), Göttingen 1986[10]   *BSLK*
Lima 1982, Taufe, Eucharistie und Amt, Konvergenz-
erklärungen der Kommission für Glauben und Kirchen-
verfassung des Ökumenischen Rates der Kirchen,
Paderborn u. Frankfurt/M. 1983
LT (Taufe), *LE* (Eucharistie), *LA* (Amt) u. evtl. *K* (Komm)

Übersetzungen wurden dankbar benützt, vielfach aber geändert bzw. kor-
rigiert.
Die kursiv gedruckten Hervorhebungen in den Zitaten stammen vom Verfasser.

Literatur

Altaner, Berthold, Patrologie, Freiburg 1951[3]

Andresen, Carl, Bibliographia Augustiniana, Darmstadt 1973

-, hg. zum Augustin-Gespräch der Gegenwart. Bd. I Darmstadt 1973. Bd. II Darmstadt 1981.

Aulen, Gustaf, Dogmhistoria, Stockholm 1946

- Den kristna forsonigstanken, Stockholm 1933

Bader, Günter, Jesu Tod als Opfer in: ZThK 80 (1983) 411-431.

Barth, Karl, Kirchliche Dogmatik, III, 2, München 1948

Betz, Johannes, Die Eucharistie in der Zeit der griechischen Väter, Bd. I, 1, Freiburg 1955

Bonhoeffer, Dietrich, Sanctorum communio, Dogmatische Untersuchung zur Soziologie der Kirche, München 1960

Bring, Ragnar, Das Verhältnis von Glauben und Werken in der lutherischen Theologie, München 1955.

Brown, Peter, Augustinus von Hippo, eine Biographie, Frankfurt/M. 1973.

Deissler, Alfons, Das Opfer im Alten Testament, in: Dialog der Kirchen, Bd. 3, 17ff., Freiburg und Göttingen 1983.

Elert, Werner, Abendmahl und Kirchengemeinschaft in der alten Kirche hauptsächlich des Ostens, Berlin 1954.

Frank, Karl Suso, Zum Opferverständnis der Alten Kirche, in: Dialog der Kirchen Bd. 3, 40ff., Freiburg und Göttingen 1983.

Franz, Egon, Totus Christus, Studien über Christus und die Kirche bei Augustin, Diss. Bonn 1956.

Franz, Helmut, Kurt Gerstein, Außenseiter des Widerstandes der Kirche gegen Hitler. Zürich 1964, Neudruck Schiffweiler/Saar 1987

Gemeinsame römisch-katholische/evangelisch-lutherische Kommission, Das Herrenmahl, Paderborn und Frankfurt/M. 1978, zit. "Das Herrenmahl".

Hahn, Ferdinand, Das Verständnis des Opfers im Neuen Testament, in: Dialog der Kirchen Bd. 3, 51 ff. Freiburg und Göttingen 1983.

Hahn, Wilhelm, Gottesdienst und Opfer Christi, Göttingen 1951.

Hauschild, Wolf Dieter, Lutherische Abendmahlslehre nach der Confessio Augustina, in: Dialog der Kirchen, Bd. 3, 96ff. Freiburg und Göttingen 1983.

- u.a. Ein Schritt zur Einheit der Kirchen, Können die gegenseitigen Lehrverurteilungen aufgehoben werden?, Regensburg 1986.

Herms, Eilert, Überlegungen zum Dokument "Das Herrenmahl", in: ZThK 78 (1981), 345-366.

Höfling, Johann Wilhelm Friedrich, Die Lehre der ältesten Kirche vom Opfer im Leben und Cultus der Christen, Erlangen 1851.

Iserloh, Erwin, Die Abendmahlslehre der Confessio Augustana als Anfrage an die Konfessionen im 16. Jahrhundert und heute, in: Dialog der Kirchen, Bd. 3, 119ff.

Joffroy, Pierre, Der Spion Gottes, Die Passion des Kurt Gerstein, Stuttgart 1972

Jüngel, Eberhard, Die Kirche als Sakrament?, in: ZThK 80 (1983) 432-457.

- Thesen zum Opferbegriff, in: Diakonie, Sondernr., Stuttgart 1981.

Kamlah, Wilhelm, Christentum und Geschichtlichkeit, Stuttgart und Köln 1951[2].

Kinder, Ernst, Art. Opfer IV. Dogmengeschichtlich, in: RGG[3] 4 (1960) 1651-1656.

Kirchenamt der Evangelischen Kirche in Deutschland (EKD), Hg. Gesichtspunkte für Stellungnahmen zu den Konvergenzerklärungen "Taufe, Eucharistie und Amt" der ÖRK-Kommission für Glauben und Kirchenverfassung, EKD-Texte 7, Hannover 1983, zit. "Gesichtspunkte".

Kirchliches Außenamt der EKD, Hg., Das Opfer Christi und das Opfer der Christen, Siebtes Theologisches Gespräch zwischen Vertretern der russischen Orthodoxen Kirche und der Evangelischen Kirche in Deutschland vom 6.-10. Juni 1976 in der Evangelischen Akademie Arnoldshain, Studienheft 10, ÖR. Bd. 34, Frankfurt/M. 1979.

Lehmann, Karl und Schlink, Edmund, Hg., Das Opfer Jesu Christi und seine Gegenwart in der Kirche, Klärungen zum Opfercharakter des Herrenmahls, in: Dialog der Kirchen, Veröffentlichungen des Ökumenischen Arbeitskreises evangelischer und katholischer Theologen unter dem Protektorat von Bischof Hermann Kunst und Hermann Kardinal Volk, Bd. 3, Freiburg und Göttingen 1983. Die einzelnen Art. sind unter den Namen der Verfasser besonders aufgeführt.

Lehmann, Karl und Pannenberg, Wolfhart, Lehrverurteilungen - kirchentrennend? I Rechtfertigung, Sakramente und Amt im Zeitalter der Reformation und heute, in: Dialog der Kirchen, Bd. 4, Freiburg und Göttingen 1986.

Lindenberg, Wladimir, Gottes Boten unter uns, München und Basel 1974.

Loofs, Friedrich, hg. v. Kurt Aland, Leitfaden zum Studium der Dogmengeschichte, 1. u. 2. Teil, Tübingen 1959.

Löfgren, David, Die Theologie der Schöpfung bei Luther, Göttingen 1960.

Meinhold, Peter und Iserloh, Erwin, Abendmahl und Opfer, Stuttgart 1960.

Moll, H. Die Lehre von der Eucharistie als Opfer, Eine dogmengeschichtliche Untersuchung vom NeuenTestament bis Irenäus von Lyon, Köln-Bonn 1975.

Nigg, Walter und Groning, Karl, Bleibt ihr Engel, bleibt bei mir, Frankfurt/M., Berlin und Wien 1978.

Nygren, Anders, Eros und Agape, Gestaltwandlungen der christlichen Liebe (Den kristna kärlekstanken genom tiderna), Teil 1.2. Gütersloh 1937[2].

Nygren, Gotthard, Das Prädestinationsproblem in der Theologie Augustins, Lund 1956.

Prenter, Regin, Das Augsburgische Bekenntnis und die römisch-katholische Meßopferlehre, in: KuD 1. (1955) 42-58.

- Schöpfung und Erlösung, Dogmatik Bd. 2, Göttingen 1960.

Ratzinger, Joseph, Volk und Haus Gottes in Augustins Lehre von der Kirche, München 1954.

Schlink, Edmund, Struktur und Rangordnung der dogmatischen Aussagen über das Herrenmahl, in: Dialog der Kirchen, Bd. 3, 138 ff.

Schmidt-Lauber, Hans Chr., Das eucharistische Hochgebet in der römisch-katholischen Kirche heute,in: WPKG 66 (1977) 19ff.

Schneider, Rudolf, Seele und Sein, Ontologie bei Augustin und Aristoteles, Stuttgart 1957.

Schneider, Theodor, Opfer Jesu Christi und der Kirche. Zum Verständnis der Aussagen des Konzils von Trient, in: Dialog der Kirche Bd. 3 176ff.

Scholz, Heinrich, Glaube und Unglaube in der Weltgeschichte, Ein Kommentar zu Augustins De Civitate Dei, Leipzig 1911.

Schott, Der große Sonntags-Schott, Freiburg 1975.

Seidel, Ina, Das Labyrinth, Stuttgart 1965.

Slenczka, Reinhard, Opfer Christi und Opfer der Christen, in: Dialog der Kirchen Bd. 3, 196ff.

Sonnenhol, G.A., Im Gespräch, H. 4, 1983.

Sternberger, Dolf, Drei Wurzeln der Politik (Aristoteles, Machiavelli und Augustin), Frankfurt/M. 1978.

Stöver, Hans Dieter, Christenverfolgung im römischen Reich, ihre Hintergründe und Folgen, Düsseldorf 1982.

Straub, Johannes, Augustins Sorge um die Regeneratio Imperii, Das Imperium Romanum als civitas terrena, in: Hist. Jb. der Görresgesellschaft, Bd. 74 (1953)

Schulz, Frieder, Die Lima-Liturgie, Die ökumenische Gottesdienstordnung zu den Lima-Texten, Ein Beitrag zum Verständnis und zur Urteilsbildung, Kassel 1983

Schütte, Heinz, Ziel: Kirchengemeinschaft, Zur ökumenischen Orientierung. Paderborn 1985[2].

Schlier, Heinrich, Der Brief an die Epheser, ein Kommentar, Düsseldorf 1957.

Thurian, Max, Hg. Ökumenische Perspektiven von Taufe, Eucharistie und Amt, Frankfurt/M. u. Paderborn 1983.

Vajta, Vilmos, Die Theologie des Gottesdienstes bei Luther, Göttingen 1954.

Van der Meer, Augustinus der Seelsorger, Leben und Wirken eines Kirchenvaters, Köln 1951.

Vogelsang, Erich, Die Anfänge von Luthers Christologie, Berlin und Leipzig 1929.

Weiß, K. Art. Pherein, insbesondere Prospherein, in: ThWNT, Bd. IX, 67ff., Stuttgart 1973.

Westermann, Claus, Gottes Engel brauchen keine Flügel, Berlin 1957.

Widengren, Geo, Religionsphänomenologie, Berlin 1969.

Wingren, Gustaf, Luthers Lehre vom Beruf, München 1952.

- Die Predigt, Göttingen 1953.

- Evangelium und Kirche, Göttingen 1963.

- Människan och inkarnationen enligt Irenäus, Lund 1947.

Wieland, Wolfgang, Offenbarung bei Augustinus, Mainz 1978.

KONTEXTE

Neue Beiträge zur Historischen und Systematischen Theologie

Herausgegeben von Prof. Dr. Johannes Wirsching, Berlin

Band 1 Bernd Wildemann: Das Evangelium als Lehrpoesie. Leben und Werk Gustav Volkmars. 1983.

Band 2 Andreas Fuhr: Machiavelli und Savonarola. Politische Rationalität und politische Prophetie. 1985.

Band 3 Rainer Hauke: Trinität und Denken. Die Unterscheidung der Einheit von Gott und Mensch bei Meister Eckhard. 1986.

Band 4 Johannes Wirsching: Glaube im Widerstreit. Ausgewählte Aufsätze und Vorträge. 1988.

Band 5 Harald Knudsen: Subjektivität und Transzendenz. Theologische Überlegungen zu einer Theorie der Letztbegründung des Ichs. 1987.

Band 6 Egon Franz: Das Opfersein Christi und das Opfersein der Kirche. Der Opferbegriff Augustins als Beitrag zum Verständnis der Eucharistie in den Konvergenzerklärungen von Lima 1983. 1988.